JN410236

신명난 탈출

국립중앙도서관 출판시도서목록(CIP)

신명난 탈출 : 이규석 에세이집 / 글쓴이: 이규석. -- 서울
 : 북랜드, 2018
  p.208 ; 135×195cm
ISBN 978-89-7787-746-7 03810 : ₩10000
 수기(글)[手記]

895.785-DDC23 CIP2018004427

이규석 에세이

신명난 탈출

인쇄| 2018년 2월 10일
발행| 2018년 2월 15일

글쓴이| 이규석
펴낸이| 장호병
펴낸곳| 북랜드
서울 강남구 강남대로 320 황화빌딩 1108호
대표전화 (02) 732-4574 | (053) 252-9114
팩시밀리 (02) 734-4574 | (053) 252-9334

등록일| 1999년 11월 11일
등록번호| 제13-615호
홈페이지| www.bookland.co.kr
이-메일| bookland@hanmail.net

책임편집| 김인옥

ISBN 89-7787-746-7 03810
값 10,000 원

이규석 에세이

신명난 탈출

북랜드

머리말

나 혼자만 압축성장시대를 살아왔을까? 되돌아보니 내 삶은 천방지축, 좌충우돌, 우왕좌왕이었다. 바람이 없어도 펄럭이는 깃발이었다.

이 풍진 세상을 야무지게 살아보려 했을 뿐인데, 어느새 일중독자가 되어 있었고.

'나만 잘난' 사람들이 만들어가는 요지경 세상에 '나도 잘난' 사람이 되고 싶었다. 깜냥도 안 되면서 덩달아 나선 바보, 새털처럼 가볍게 살아야 할 삶을 왜 그리 힘들게 살았는지 모르겠다.

나의 최선이 남에게도 최선이 아니었음을 좀 더 일찍 깨달았다면 좋았을 텐데…….

이리 엎치락뒤치락한 난장판 인생을 가벼운 책 한 권으로 정리하다니, 오래 망설였다. 주위에서는 '수필가도 읽어주지 않는 수필을 뭐 하러 쓰느냐?' 했다. 그래도 나 여기 있다고 외치고 싶었을 뿐이었다. 경험을 소재로 해야 하는, 수필의 태생적 한계를 어찌 뛰어넘을 것인지 꿍꿍이도 많았다. 힘들었던 창작에세이의 길이 주마등처럼 스친다.

보고 싶은 것만 보고 듣고 싶은 것만 들으며 살아온 외날개 인생, 가족들을 너무 힘들게 한 죄는 어떻게 보속해야 하나?

오늘의 나를 있게 한 모든 분들께 감사드린다.

2018년 1월

이 규 석

차례

| 머리말 |

1부 칡넝쿨

12 • 칡넝쿨
15 • 북소리
20 • 길례언니
25 • 아버지를 찾습니다
27 • 사모곡思母哭
32 • 백일홍
37 • 지팡이
42 • 명태
47 • 연鳶
51 • 1402호 아저씨는 바람둥이?*

2부 신명난 탈출

56 • 신명난 탈출*

60 • 자작나무

64 • 시애틀, 잠 못 이룬 밤

68 • 벌거숭이에 소나기라도

71 • 오로라

77 • 벚꽃 지는 날

80 • 자작나무 II

84 • 어떤 행복론

86 • 도시의 허수아비

90 • 고슴도치 사랑

 3부 꿈꾸는 나무

94 • 가을 남자
96 • 꿈꾸는 나무
101 • 옥수수
105 • 결혼자격 시험*
108 • 절 받는 친구
113 • 가시
117 • 냉면
121 • 돈에다 눈을 달았으면
125 • 부메랑
129 • 은행나무

4부 길을 묻다

132 • 빨간 발레리나
136 • 덤
140 • 해 봤어?*
143 • 일장춘몽
145 • 길을 묻다
151 • 울지 못한 죄
155 • 돌탑
156 • 조화로다, 조화
161 • 그리움
163 • 몸살 난 가을

5부 걱정은 이제 그만*

168 • 이젠 웃어요, 우리
171 • 소통이 금이다
174 • 독서천국讀書千國
177 • 과거를 묻지 마세요
180 • 작심삼일 교정법
183 • 열정
186 • 타는 목마름
189 • 컬러풀 피플Colorful People?
192 • 걱정은 이제 그만
195 • 신공항은 우리의 밥통이다

| 발문 | 독자 서비스에 충실한 작품세계
------------------------------ 장호병 199

○ 5부 전체와 *는 ≪매일신문≫ 게재 칼럼

1부

칡넝쿨

칡넝쿨

퇴근 시간 지하철역에서 수많은 인파가 에스컬레이터를 타고 오른다. 다리가 싱싱한 젊은이들이 길게 줄지어 서서 기다리는 꼴이 마치 나무를 타고 오르는 칡넝쿨 같다. 오히려 나이든 사람들은 계단을 걸어 오르는데, 젊은 그들은 도대체 얼마만큼 편하고 싶은 것일까?

언제부터였는지 선산의 한 모퉁이에서 큼직한 연둣빛 이파리가 하나둘 나타났다. 칡이었다. 처음에는 여린 싹이라 대수롭지 않게 여겨 그냥 두었더니 금세 곁에 있던 꿀밤나무를 올라타 버렸다. 이듬해에는 잘 생긴 소나무도 휘감더니만 이젠 온 산에 천막을 치려고 설친다. 뿌리를 뽑아버려야 했다. 하지만 삽질도, 곡괭이질로도 어림없는 일이었다.

요즘 젊은이들은 스스로 일어서기를 포기했는지 마냥 기대어 살아가려고 한다. 제 몸 하나 못 가누면서 잘생긴 사람만 보면 올라타려고 설치는 난봉꾼 기질하며 제 벌이는 한 푼 없어도 명품 브랜드로 온몸을 치장하고 싶어 안달난 꼴이 그렇다. 천금 같은 자존감을 잃고도 부끄러워할 줄 모르고 하늘 같은 자부심을 날리고도 안타까워하지 않는다. 순식간에 뭇 나무들을 뒤덮어 숨통을 조이는 것처럼 부모야 골병이 들거나 말거나 제게 이익이 되는 일에는 착 달라붙어 늘어진다. 고약한 버르장머리가 영락없이 칡을 빼닮았다.

칡이란 놈은 기생식물도 아니면서 저 혼자는 일어설 줄을 모른 채 평생을 기대어 산다. 꼿꼿이 선 나무만 보면 타고 오르고 오뉴월 뜨거운 너럭바위도 감아재끼는 걸 보면 힘이 없어 그리 사는 것도 아니다. 나무도 아니요 풀도 아닌 것이 아무데나 빌붙으려 설친다. 기세도 좋지, 제 근본인 뿌리를 못 찾도록 순식간에 덩굴을 만들어버리고 푼수 없이 나무 위에 똬리 틀고 앉았다.

"할아버지, 여기 앉으십시오."

“아니다. 네가 그대로 앉아 있어라. 내 다리는 다 썼고 네 다리는 앞으로 많이 써야 하니 네가 앉아 있는 것이 옳다.”

장인이 생전에, 지하철 안에서 자리를 양보하려는 학생을 기어이 눌러 앉혔다고 하셨다. 감동이었다. 하지만 그렇게 키운 것이 호사였나?

‘얘야, 공부만 잘해다오’라면서 부모가 모든 것을 대신해 주었더니 곳곳에서 비명이 터져 나온다. 공부도 못하고 인간도 무너져버린 참사 때문이다. 스스로 해 보는 재미를 잃은 자녀들은 칡넝쿨이 되어 부모를 덮치고 말았다.

세상에 제 자식 사랑하지 않는 부모가 어디 있겠는가? 하지만 잘못 자란 아이들 때문에 무너진 가정이 얼마이며 자립심 없는 자녀들 때문에 등골 빠지는 부모가 한둘이 아니다. 어릴 때부터 인간을 먼저 가르쳤어야 했다. 스스로 살아가는 방법 또한 가르쳐주지 않았으니 칡넝쿨처럼 설설 기며 살아갈 수밖에.

그나마 온 산이 칡넝쿨로 다 덮이지 않은 게 얼마나 다행인지 모른다.

북소리

♩. ♩ ♩ ♩ ♩ ♫ ♩ 𝄐 。

노래하라 파라팜팜팜

한겨울의 찬바람을 모두 몰아낼 듯이 크고 경쾌하게 시작하는 노래였다. '북 치는 소년The Little Drummer Boy'이 거리에 울려 퍼지면 희열과 분노가 뒤범벅이 된 내 가슴은 자지러졌다. 추위로 더 탱탱해진 음률은 기어이 잠든 희망을 흔들어 깨웠으며, 얼었던 마음을 뜨겁게 달구는 장작불이 되어 활활 타올랐다.

"폐결핵은 잘 먹고 쉬면 낫는 병입니다."

의사 선생님의 위로가 내겐 사형선고처럼 참담하게 들렸다. 잘 먹기는커녕 내 청춘은 가지 끝에 홀로 매달린 감처럼 삭풍에 시달리며 나날이 새들새들 곯아가고 있었다. 이마저 까마귀가 낚아채 가면 어쩌나 싶어 가슴 졸이며 한 움큼의 아이나와 파스를 손에 쥐고선 벌벌 떨었다.

라면마저 떨어져 끼니를 건너뛰긴 했어도 약은 먹어야 했다. 폐를 고치기 위해 위를 버릴 수는 없지 않은가. 맹물 한 바가지를 떠서 반을 마시고 약을 입에 털어 넣은 후 남은 물을 벌컥벌컥 들이켰다. 울분의 세월, 어쩌면 반은 눈물이었는지도 모른다. 물에 어린 내 얼굴은 피골이 상접한 채 핏기도 기름기도 한 방울 남아있지 않아 버짐꽃이 피었고 바짝 솟아오른 광대뼈 사이로 유난히 눈만 새까맣게 반들거렸다. 내가 보아도 내 모습이 무서웠다.

아침은 굶고 점심마저 건너뛴 어느 날, 꼭 어디로 가야겠다는 목적도 없이 고산골의 토굴 같은 자취방을 나섰다. 정처 없이 걷다가 다다른 곳은 시집간 지 몇 년 되지 않은 외사촌 누이의 집이었다. 보리밥에 강된장과 김치가 올려진 소박한 밥상이었지만 내겐 눈물이 쏙 둘러빠지도록 고마운 진수성찬이었다. 밥을 먹은 것이 아니라 입안으로 마구 퍼넣었으니, 거지가 따로 있었겠나. 그제야 누이의 체면이 말이 아니겠다는 생각이 들었다.

"누님, 나 갈게."

대문을 나서는 나를 붙들어 세운 누이는 바지 주머니에 뭔가를 찔러 넣으며 내 등을 토닥였다.

"네가 왜 왔는지 나는 안다. 이제 고생 끝이잖아. 절대 주저앉으면 안 돼. 알았지?"

그건 내 대학의 마지막 등록금이 되었다. 이게 아닌데, 주린 배로 세상을 하직하기엔 너무 억울해서 단지 허기라도 메우려 했을 뿐이었는데…….

때마침 거리에는 캐럴 송 '북치는 소년'이 울려 퍼지고 있었고 노래가 클라이맥스로 치달으면서 절정에서의 분출처럼 생에 대한 열망도 함께 솟구쳐 올랐다. 둥둥거리는 북소리는 몸 구석구석으로 울려 퍼지며 모든 세포를 흔들어 깨웠다. 외가의 형편이 어려워 배움에 한이 찬 누이였다. 오뉴월의 타는 목마름이었을 게다. 나도 언젠가는 누군가의 가슴에 북소리를 울리기 위해 벌떡 일어나야 했다.

그로부터 이십 년 가까운 세월이 흘렀고 세월은 묘하게도 나와 내 누이의 입장을 바꾸어 놓았다. 구르던 돌이 박히듯, 나는 처음 입사한 회사에서 안정적인 직장생활을 계속할 수 있었으나 자형의 벌이는 꾸준하지 못하였다. 누이는 시조모에 시부모님까지 모신 맏며느리로 시동생들을 뒷바라지해가며 삼 남매를 키워야 했다. 살림살이가 무척 힘겨웠을 텐데도 어려운 내색은커녕 언제나 씩씩하게 살아갔다.

누이는 재수한 맏이와 둘째 아들을 동시에 대학에 입학시켜야 했으니, 드디어 내가 누이의 가슴에 북소리를 울려야 할 때가 찾아온 것이었다. 전화로 둘째 아이의 대학 등록금은 내가 부담하겠다고 제의했다.

"힘에 부치긴 해도 도움을 받아야 할 만큼 어렵지는 않네. 말이라도 고맙구나."

은혜를 갚을 수 있는 좋은 기회였으나 누이의 자존심은 철옹성 같았다. 체면을 상하지 않고 도울 수 있는 방법을 찾아야 했다.

고심 끝에 멸치 한 상자를 사와서 방바닥에 쏟았다. 수표를 넣은 봉투를 박스 밑바닥에 깔고 그 위에 멸치를 다시 채워 넣었다. 그리고 누이의 집으로 향했다.

"누님. 옛날 그 보리밥에 된장이 먹고 싶어 왔는데, 밥 좀 주소."

세월은 흘렀어도 누이의 손맛은 여전했다. 어머니를 일찍 여읜 외가라 애틋했던 추억들을 한껏 나눠야 했지만, 말이 길어지면 내 의도가 탄로 날 것 같아 서둘러 자리에서 일어섰다.

"멸친데, 어째 박스 밑이 좀 눅눅하네. 빨리 열어 말려야겠더라."

남에게 주기를 좋아하는 누이가 멸치 상자도 누군가에게 덥석 주어버릴 것 같은 조바심에 한마디를 툭 던지고는 골목길을 빠져나왔다.

거리에는 캐롤 송 '북 치는 소년'이 울려 퍼지고 있었다. 그 옛날처럼 내 가슴에서는 북소리가 다시 쿵쾅거렸다. 노래의 끝자락은 가슴속 뼈를 쇠줄로 갈듯 가슴 자글거리게 했던 분노까지도 잦아들게 만들었다. 애잔하게 사라져가는 북소리를 두고는 그 자리를 뜰 수가 없어 노래가 끝날 때까지 장승처럼 멈춰 서 있어야 했다.

'북 치는 소년'은 힘들고 지칠 때마다 내 영혼을 일깨우는 노래가 되었다.

길례언니

덕수궁현대미술관에서 천경자의 그림, 장미꽃 화관을 쓴 '길례언니'를 만났다. 모습은 화려했지만 눈빛이 너무 애절해 보였다.

오월의 교회는 마냥 즐거웠다. 신도들은 여기가 곧 천국이라고 좋아했는데, 교회 담벼락을 따라 곱게 핀 장미 때문이었다. 목사관 앞 양지바른 곳에 핀 노란 장미는 유난히 곱고 향기로워서 온 동네 사람들을 불러 모았다.

장미꽃만 향기를 내뿜고 있는 것이 아니었다. 사시사철 사람들을 몰려들게 만드는 장미향이 나는 소녀도 있었다.

꽃보다 고운 피부에 크고 하얀 눈망울을 가진 그녀가 해맑게 웃으면 천사가 되었다. 신도들이 목사님은 혹 지옥에 떨어질지 몰라도 그녀는 반드시 천국에 갈 것이라고 말했었으니까. 그런 그녀가 성탄절 새벽에 구급차에 실려 가고 말았다.

그녀는 학생회 부회장이었다. 그해 성탄절은 특별히 신이 났었다. 학생회 간부들만으로 주일학교 어린이들에게 성탄전야를 흥겨운 축제로 꾸며주었고 자정을 넘겨서는 신도들의 집을 찾아다니며 새벽송으로 예수 탄생의 기쁨을 거룩하게, 때로는 우렁차게 노래 불렀기 때문이었다.

집집마다 챙겨준 온갖 먹거리로 자루는 탱탱해졌다. 여러 구역으로 파견된 팀들이 순례를 끝내고 모두 교회로 돌아왔다. 드디어 풍성한 잔치를 벌여야 할 순간, 교회가 갑자기 소란스러워졌다. 쏜살같이 사무실로 달려갔지만 남학생은 들어가지 못한다며 막았다. 그녀가 실신했단다. 피곤해서 쉬어야겠다는 데도 기어이 새벽 송을 돌게 한 사람은 나였으니, 그 새벽의 날씨만큼 내 마음도 꽁꽁 얼어붙었다.

이젠 누가 화합의 종을 울려야 하나? 예배시간에 스님이 들어와 목탁을 두드리는 난장판이 벌어졌어도 그녀는 그의 등을 토닥여 소리 없이 돌려보냈다. 교회운영을 둘러싼 갑론을박을 '아이들 앞에서 이러시면 안 됩니다.'라면서 단숨에 잠재웠고 신도들이 벌이는 대립의 날카로운 금속성 소리를 그녀는 아름다운 화음으로 녹여버리곤 했다.

어린 나이에 어찌 그리 사람들을 시원시원하게 잘 다루는지, 모두가 하나님이 보낸 천사라고 입을 모았다. 열다섯 명으로 출발한 학생회는 이태 만에 백삼십 명이 넘는 학생들로 활기가 넘쳤다. 비쩍 마른 남학생 회장은 장승처럼 서 있었을 뿐 그녀의 향기로운 친화력이 학생회는 물론 온 교회를 아름답게 가꾸었다. 그야말로 축복덩어리였다.

그렇다고 그녀가 늘 거룩한 것만도 아니었다. 때로는 남학생들이 짓궂게 팔꿈치로 옆구리를 툭툭 치면 여름 첫물의 시어빠진 홍옥을 씹듯 윙크 가득한 표정으로 대꾸하는 풋풋한 소녀이기도 했다. 싱그러운 그녀를 뉘 좋아하지 않았을까.

다음 해, 이른 장마에 크고 곱던 장미꽃잎이 뚝뚝 떨어지는 날에 그녀는 마치 즐거운 휴가라도 다녀온 사람처럼 방실방실 웃으며 돌아왔다. 하지만 눈동자는 초점을 잃었고 흰 피부는 백지장보다 더 하얗게 변해 있었다.

심상찮은 그녀가 목사관 앞에서 두툼한 편지뭉치를 내밀었다. 그 속에는 송두리째 오려진 단편소설 한 편도 함께 들어있었다. 자신이 작품 속의 주인공처럼 간질병을 앓고 있다고 했다.

머리는 벼락 맞은 듯 빙빙 돌았고, 심장은 고장난 엔진처럼 쿵쾅거려 편지를 읽어 내려가는 손이 덜덜 떨렸다. 수술을 한다면 살아나올 확률이 반이요, 설사 살아난다고 하더라도 후유증 없이 완쾌될 경우와 반신불수가 될 비율 또한 반반이라 했으니 온전한 사람으로 회복될 가능성은 반의반에 불과하다고 했다.

그녀는 수술을 받을지, 말지를 내게 물었다. '오 하나님, 이건 아니잖아요. 세상에는 죄인이 많기도 한데 왜 하필 이 착한 천사에게 고약한 형벌을 내리십니까?' 텅 빈 교회가 쩌렁쩌렁 울리도록 소리치고, 온몸의 솜털까지 벌떡벌떡 일으켜 세워가며 앙탈을 부려도 응답은 없었다.

꽃잎 위에 이슬이 내리는 시간마다 소녀는 매일 새벽기도에 나와 울부짖으며 통성기도를 바치고 있었다. '아니야, 네가 무슨 죄가 있겠어? 넌 천사야, 하나님이 사람을 잘못 선택한 것이겠지.' 얼뜨기 회장은 속으로 우물거리기만 했을 뿐 어떤 선택의 말도 건네지 못했다.

당장 지옥으로 굴러 떨어질까 두려워 그녀의 손도 잡아주지 못했다. 그러고도, 난 곧 열리게 된다는 신기루 같은 천국의 문을 바라보고 있었다. 맹추는 비감에 젖어 돌만 걷어차다가 세월이 흘러 대학생이 되었다. 그리고 군인도 되고 그렇게 영영 교회를 떠나왔었다.

강산이 몇 번이나 변한 긴 세월이 흘렀건만, '길례언니'처럼 장미꽃 향기를 풍기던 소녀는 아직도 원망스러운 눈빛으로 나를 노려보고 있었다.

아버지를 찾습니다

까치 한 마리가 뜰로 날아왔습니다.

치매기가 있는 백발노인이 창밖을 보다가 아들에게 물었습니다.

"애야, 저 새가 무슨 새냐?"

"까치요."

고개를 끄덕이시던 아버지는 조금 있다 다시 물었습니다.

"애야, 저 새가 무슨 새냐?"

"까치라니까요."

아버지는 고개를 끄덕이며 창밖을 보시다가 또 같은 질문을 했습니다.

"애야, 저 새가 무슨 새라고 했지?"

"몇 번이나 대답해야 아시겠어요! 까치요, 까치라고요!"

그때, 옆에서 듣고 있던 어머니가 한숨을 내쉬며 말씀하셨습니다.

"아범아, 너는 어렸을 때 '아빠, 저 새가 무슨 새예요?'라며 백 번도 더 물었단다.

'응, 까치란다.'

네 아버지는 몇 번이고 대답하면서 말하는 네가 귀여워서 머리를 쓰다듬어 주셨지.

그래서 네가 말을 배울 수 있었던 거다."

– 이어령, 「느껴야 움직인다」 일부 발췌

붕어빵에 붕어가 없듯이, 요즘 가정에서는 아버지가 잘 보이지 않습니다.

가정은 어머니가 가꾸고, 아버지는 울이 되어 우리를 지켜줍니다.

안정된 가정이란 아버지와 어머니, 자식이 만든 균형 잡힌 삼각형이겠지요.

아버지의 권위를 조금 낮추고 싶었을 뿐이었는데, 어쩌다 아버지라는 존재가 사라지고 말았습니다.

이젠 잃어버린 아버지를 찾아와야 합니다.

사모곡思母哭

나는 어머니라는 소리를 들으면 언제나 눈물이 납니다.

어머니, 철없었던 열 살 어린 나이의 상주는 뭐가 뭔지도 몰랐으나 제 손으로 어머니를 묻어야 하는 삽질만은 애통했습니다. 당신과의 마지막 이별은 관 속에 그냥 고이 누워계신 모습으로 기억될 뿐, 당신의 얼굴은 초점 흔들린 사진처럼 희미하기만 합니다. 이럴 줄 알았으면 영면하신 모습이라도 자세히 보아둘 걸…….

오십 년을 그리며 찾아 헤매었습니다. 당신께서는 제가 군인이었을 때 내무반 꿈자리에 단 한 번 찾아오셨지요. 흰 치마저고리에 차가운 얼굴, 싸늘한 자태로 오셔서는 제 얼굴을 물끄러미 내려다보셨습니다. 반가움에 놀란 저는 "엄마, 엄마!"라고 외쳐 불렀지만 당신께서는 한마디 말씀도 없이 홀연히 사라지고 말았습니다. '매정한 어머니, 이왕 오실 바에야 좀 온화한 모습으로 오시지.'라며 당신을 원망했었습니다.

훗날, 휴가를 나오니 당신의 유택이 있었던 동대구 일대를 개발한다는 소문이 파다했습니다. 허겁지겁 당신이 계시던 곳을 찾았으나 이 어인 일입니까? 모든 산소들이 파헤쳐져 있어 황당했습니다. 그제야 저는 당신의 유택을 지켜달라고 그날 밤 제게 찾아오셨음을 깨달았습니다. 모자의 저승과 이승은 이처럼 실낱같이라도 연결되어 있었던가 봅니다.

그곳의 무연고 분묘들은 화장되어 성서의 새로운 공동묘지로 강제 이장되었다는 사실을 알고, 제대 후 당신이 계신 곳을 찾아갔습니다. 상황은 더 참담했습니다. 베개만한 크기의 무덤들은 어처구니없게도 작은 막대기에 숫자만 적힌 번호표를 앞에 꽂고 누워들 계셨습니다. 그나마 제 손에 쥐어진 번호의 유택은 산사태에 휩쓸려 찾을 수가 없었습니다.

"아, 이를 어쩌란 말입니까? 저는 당신을 다시 잃고 말았습니다. 어머니를 두 번씩이나 잃다니……. 어머니, 이 불효를 용서하십시오. 제가 첫 월급을 타면 제일 먼저 당신의 집을 지어드리겠습니다."

눈물로 맹세했지만 가슴이 찢어져 흐르는 슬픔은 멈춰지지 않았습니다.

당신께서는 어찌 그리 흔적 하나 남기지 않고 사셨는지요? 아무리 난리통 같은 세월이었다지만 사진 한 장 없고, 유품 하나 남기지 않으셨으니 참으로 야박하셨습니다. 당신을 향한 그리움은 사무치다 못해 원한이 되고 말았습니다. 주위에서 가묘라도 만들라는 권유가 있었지만 유골도, 유품도 없는데 유택이 무슨 소용이냐고 앙칼지게 물리쳤습니다.

어머니, 지난봄에 아버지를 만나셨겠지요. 아버지께서 그곳으로 떠나시는 날, 저는 겨우 마음을 풀고 당신을 위해 고운 한복 한 벌 맞추었습니다. 그 위에 당신께서 가장 많이 고생하셨을 부엌 바닥의 흙 한 줌과 희망으로 오가셨을 대문 아래 흙 한 줌도 함께 싸서 아버지의 관 곁에 당신을 모셨습니다. 어머니, 너무 긴 세월 동안 구천을 헤매도록 한 불효를 용서하십시오. 속죄하는 마음으로 가끔씩 이른 새벽에 산소를 찾아가 잡초를 뽑곤 합니다.

잡초 같았던 내 인생. 어린 나이에 힘에 부치는 연탄 배달을 체력단련이라 여기며 견뎠습니다. 그것은 열여덟 살에 시집오셔 종처럼 살면서도 기꺼운 마음으로 맏며느리 노릇을 하셨다는 당신의 흔적을 따르는 길이었습니다. 제대로 먹을 것조차 없는 상태에서 폐결핵에 걸리는 위기도 맞았습니다. 빈속을 맹물로 채워가면서 한 줌이나 되는 약을 빠짐없이 삼킨 것은 약 한 첩 못 드시고 세상을 하직한 당신처럼 불쌍한 사람이 되고 싶지는 않았기 때문이었습니다.

몸 고생이야 무엇이든 이겨낼 수 있었지만 마음고생은 정말 견디기 힘이 들었습니다. 외로움에 온몸을 부르르 떨어야 했던 수많은 밤들. 그럴수록 저는 강한 척, 매사를 말없이 밀어붙이는 강골로 살았습니다. 그러다 텅 빈 속을 누군가 찾아들면 미치도록 사랑했습니다. 아마도 애정결핍증이었겠지요. 어머니, 저는 따듯한 밥이 먹고 싶어 일자리를 얻자마자 결혼해 일찍이 가정을 꾸렸고 외롭지 않기 위해 아이도 셋이나 두었습니다. 이제 편히 쉬십시오.

사랑은 그 자리에 있기만 해도 사랑이었습니다. 청소년기에 겪은 불행은 뇌의 좌상으로 남아 고비마다 좌절을 겪는다는 말이 맞았습니다. 극복은 더욱 힘든 고통이었기에 저는 사람들에게 가정을 깨트리지 말라고 아우성을 칩니다. 저처럼 불행한 사람이 더는 없었으면 하는 마음으로 말입니다.

여의하시다면 이 밤에 한번 오시어 인자하신 모습으로 사진 한 장 찍어놓고 가시면 좋겠습니다. 어머니!

백일홍

늦유월 고향집에는 백일홍이 흐드러지게 피고 있었다. 아내는 우물가에 붉게 핀 백일홍을 바라보며 한탄을 쏟아냈다.

"저 꽃이 지면 가을인데……."

"이제 여름의 시작인데 웬 가을 타령이야?"

"저 꽃은 백날을 피어 있잖아. 꽃이 지고 나면 가을이 오지요."

자네 시고조부께서 덩그러니 큰 집을 지어놓고 보니 좀 황량하셨던가 봐, 집안 곳곳에 감, 석류, 앵두, 모과나무 그리고 사랑채 앞에는 회화나무를 심으셨고 아녀자들이 드나드는 장독간 옆 우물가에는 백 일 동안 환하게 붉은 꽃을 피우는 나를 앉혔다네. 나는 자리가 자리다 보니 이 집 종부들의 이야기를 다 듣고 살았지. 백 년 가까운 세월 동안 스쳤던 이 집의 온갖 풍상들을 함께 겪어야 했음은 물론이고.

서방님이 결혼을 약속한 자네를 이곳 고향 집에 처음 데려 왔을 때의 일이 선해, 장차 시조모가 될 할머니는 자네 손을 잡고 좋아하셨지.

"아이고 곱기도 해라, 잘 왔다 잘 왔어."

당신께서는 귀한 손님에게만 정성스레 대접하는 건진 국수를 준비하느라 신명이 나셨지. 콩가루 듬뿍 넣은 밀가루 반죽을 홍두깨로 얇디얇게 밀어서 가늘게 썰었으며, 색깔 곱고 맛깔나는 오색 고명을 만드시느라 부엌과 다락, 마루와 장독간을 바삐 오가시는 중에도 자네의 팔을 만져보기도 하고 마치 신체검사라도 하듯이 엉덩이도 두들기시더군.

서방님은 몹시 쑥스러워하는 자네를 우물가로 데려왔어. 그곳에 있던 나는 때마침 한껏 붉은 꽃을 피우고 있었지. 수줍은 자네의 볼은 분홍보다 짙고 진홍보다는 엷은 내 선홍빛 꽃을 닮아 있었단다. 아마도 자네는 속살까지도 그리 붉게 피어오르는 선홍빛이었으리라.

자네를 처음 만날 즈음엔 나도 자네만큼 고왔어. 허리도 곧았고 곱상한 몸매에 피부도 매끈매끈했으며 흉물스러운 옹이는 물론 없었다네. 여름이 되면 그냥 붉은 꽃만 부지런히 피우고 살았어. '이 집 종부가 될 색시가 왔다'고 할머니께서는 뛸듯이 기뻐하셨는데, 그때 이 집에는 드는 며느리마다 일찍 세상을 뜨는 고약한 일이 이어졌고 아들들 또한 병에 시달리는 우환이 광풍처럼 휘몰아치고 있던 중이라 자네를 향한 희망이 엄청 컸기 때문이었어. 자네와 더불어 집안에 새로운 기운이 들기를 간절히 바라셨던 게지.

그런데 어쩌다가 자네마저 그리 일찍 골병이 들어버렸는가. 결혼한 지 5년도 되지 않은 새파란 새댁이 폐 절제 수술을 받아야 한다니, 그런 좋지 않은 소식이 날아들었을 때 집안 식구들은 모두 넋을 놓았어. 더욱이 등 뒤의 어깨 죽지뼈를 열고 폐를 잘라내야 하는 위험하고도 힘든 수술이라는 사실에는 모두가 말을 잃고 서로를 멍하니 바라볼 뿐이었지.

서방님은 열 시간이 넘어 걸리는 대수술을 자네에게는 두 시간이면 끝난다고 속여서 수술실에 밀어 넣더군. 친구들이 달라붙어 아침부터 술을 퍼 먹여 혼을 빼놓으려 했지만 화장실 문을 걸어 잠근 채 수돗물을 틀어놓고 울고 있었어. 눈물은 고장 난 수도꼭지처럼 쉼 없이 흘렀고, 자네를 살려만 주신다면 무엇이라도 하겠노라고 빌고 있었어. 수술실에서 피를 흘리며 누워있는 자네의 형상이 어른거린다고, 집에서 어미를 찾고 있을 어린 남매의 모습이 겹에서 겹으로 겹쳐 온다고 생머리를 쥐어뜯기도 하더군.

서방님은 엄마의 요절로 세상이 한 번 찢어졌으면 되었지, 아이들에게 엄마는 그 자리에 있는 것만으로도 힘인데 액운이 대를 이으면 어쩌느냐고 울부짖었어. 자네마저 먼저 저세상으로 보낼 것 같은 불길한 예감에 몸을 떨더군. 호강은커녕 아내의 날개를 찢은 못난 서방이 되었다고 자책하면서 하늘을 원망하고 있었어.

자네가 수술 받았던 그해 여름 장마에 고향 집 담장이 무너졌었지. 나는 무너진 담장 흙더미에 깔렸어. 추석이 되어서야 찾아온 서방님은 나를 짓누르고 있던 흙을 걷어내고 내 아래둥치를 무참히 꺾어 누르던 돌덩이도 치워 주었어. 끙끙 앓고는 있었지만 죽지 않고 버티고 있는 모습이 대견했던지 찢겨진 상처를 씻기고 부목을 덧대어 헝겊으로 칭칭 동여 감아 주더군, 정성껏 흙도 싸 발라 주었어. 얼마나 고마웠는지 몰라. 내 비록 온전치 못한 몸이지만 아무리 불볕더위가 쏟아지더라도 해마다 백날을 붉은 꽃으로 이 고택을 밝히기로 결심했었지.

이젠 자네나 나나 그 옛날 우물가에 살던 단단한 몸은 아니구먼. 자네의 등판에도 옹이처럼 흉터가 자리 잡았을 테고, 매끄럽고 윤기 나던 피부도 자꾸만 껍질을 벗겨내느라 푸석해졌다며? 움직일 때마다 저리고 아픈 팔다리는 구불구불해진 내 가지를 닮아 그리 되었노라 여기렴. 꽃잎이 무리 지어 지듯이 체력마저 뚝뚝 떨어진다니 어이 할까나, 가는 세월을.

솔직히 난 자네가 윗대 종부들과는 달리 곱게 살기를 바랐는데, 그리 성치 못한 몸으로 얼마나 힘이 들었는가. 그런 고통에도 우리는 식구들에게 희망이 필요할 때마다 부지런히 꽃을 피웠고, 시련에 맞서 가족들의 생명을 지켜야 했을 때는 꽃잎을 지웠지. 뜻 없이 피고 진 것이 아니라 대를 잇기 위한 몸부림이었음을 뉘 알아주려나?

이젠 서방님한테 내 그늘 아래 벤치라도 하나 놓아달라고 부탁해 보렴.

나는 붉게 핀 백일홍 나무 아래 헛땀을 흘리고 선 아내를 감싸 안으며 위로를 건넸다.

"저 백일홍은 내년에도 곱게 꽃을 피울 거야."

지팡이

지팡이를 짚은 한 영감이 아들일 성싶은 중년의 부축을 받으면서 목욕탕 안으로 들어섰다. 복된 영감이 부러운 듯 탕 안의 시선이 온통 그리로 쏠렸다. 그러나 무엇이 못마땅했던지 자꾸만 아들에게 투정을 부리던 영감은 기어이 지팡이를 바닥으로 내던져버렸다. 둔탁한 파열음이 탕 안을 울리자 모두가 고개를 돌려 버렸다. 사람들은 영감의 개떡 같은 성질이 복을 걷어찬다고 수군거렸다.

해운대의 새벽 온천탕은 유난히 노인들이 많았다. 설 명절을 앞둔 탕 안은 뜨거운 물이 콸콸 쏟아지는 소리와 여기저기서 사람 부르는 소리. 아이들이 뛰어다니며 아우성치는 소리에다 바닥에 나뒹구는 물바가지 소리까지 더해져 영락없는 장바닥이었다.

한 치 앞도 분간키 어려운 희뿌연 증기 속, 병색이 완연한 한 노인이 구석에 쭈그리고 앉아 느릿느릿 몸을 닦고 있었다. 희끗희끗한 머리의 한 중늙은이가 두리번거리다 엉거주춤하게 엉덩이를 들이밀며 곁에 앉았다. 노인에게서 고약한 냄새가 났던지 연신 손으로 코앞을 부채질해댔다. 그는 험상궂게 인상을 찌푸려 노인의 위아래를 흘겨보더니 자리에서 벌떡 일어나 탕 안을 두리번거렸다. 빈자리가 없자 그는 체념하듯 다시 그 자리에 앉으며 투덜거렸다. '영감은 자식도 없나?' 몸을 제대로 가누지도 못하면서 홀로 목욕을 오다니. '얼마나 몸이 찝찝했으면 이리 불편한 몸으로 목욕을 왔겠는가, 이 사람아.' 노인의 웅얼거림인 듯했다.

그가 머리를 다 감을 때까지 노인은 샤워기를 움켜쥔 채 흐느적거렸다. 아예 팔이 어깨 위로 올라가지 않았다. 물이 이리저리 마음대로 튀다가는 기어이 샤워기가 바닥으로 떨어지고 말았다. 물을 뛰쳐나온 뱀장어처럼 푸들거렸다. 노인은 그냥 멍하게 바라만 볼 뿐이었다. 그리 어둔한 동작으로는 잡아낼 재간이 없어 보여 그는 밸브를 대신 잠가주며

"어르신, 등 밀어드릴까요?"

갑자기 노인의 아들이라도 된 듯 벌떡 일어서며 말했다. 그는 대답을 기다리지도 않고 샴푸를 풀어 노인의 머리부터 감기기 시작했다. 노인은 미안한 마음이 들었는지, 끙끙 앓는 소리만 낼 뿐이었다.

"어르신, 아드님은 없으세요?"

"있지. 둘이나 있어."

둘 다 서울에 산다고 했다. 명절인데도 왜 오지 않느냐고 물을까 봐 전전긍긍하는 눈빛이었다. 그는 말없이 차근차근 노인의 몸에서 때를 벗겨나갔다.

노인은 아들 둘 다 이 땅의 최고 명문대학에 보냈다고 했다. 큰아들은 경영학과를 졸업하고 행정고시에 합격해 중앙부처의 국장으로 근무 중인데 바빠서 내려오지 못했고 둘째 아들은 의과대학을 나와 서울에서 개업의사로 일한다고 했다. 그러나 노인은 두 아들을 다 잃은 것이나 마찬가지라며 한숨을 푹 내쉬었다. 하나는 나라에 빼앗겼고 다른 하나는 돈 많은 사돈에게 보쌈당하듯 팔려갔기 때문이라 했다. 자식 이야기에 노인은 어깨마저 축 늘어져 버렸다.

국수처럼 밀린 때가 한 사발은 나왔을 것 같았다. 그는 연신 땀을 훔쳐가며 타월에 비누칠을 해 노인의 몸 구석구석을 닦고 또 닦았다. 이젠 웬만큼 야무지게 마무리 지었다 싶었는데도 노인에게서 냄새가 다 가시지 않았다. 노인의 머리에 다시 샴푸를 칠하자 민망해하던 노인은 묻지도 않은 말을 이어갔다.

"나도 왕년에는 사업을 제법 크게 했다오."

노인은 두 아들을 서울로 유학 보낼 때만 해도 세상에 부러울 것이 없을 만큼 떵떵거렸지만 자식들이 사회에 진출할 즈음 회사는 부도를 맞아 망했다고 했다. 애석하게도 자녀들의 결혼에는 어떤 도움도 주지 못했고, 제대로 부모 노릇을 못하니 아이들에게 아무 말도 할 수가 없었다며 생활비 몇 푼 보내오는 것도 고마울 따름이라 했다. 석 달 전 뇌졸중으로 쓰러졌지만 자식들이 걱정할까봐 병원에 입원했다는 말도 하지 않았단다. 그는 자책만 하는 노인에게 '그건 아니지 않습니까?'라고 버럭 소리를 지를 뻔했다.

그 겨울의 아침, 나는 보속하는 마음으로 흔쾌히 낯선 노인의 지팡이가 되었다. 탈의실에서 옷을 다 입혀드리고 고개를 들었더니 해운대 앞바다를 솟구쳐 오르던 붉은 태양이 노인의 얼굴을 비추고 있었다. 환하게 웃으셨다. 나도 따라 웃었지만 내 눈은 충혈되어 있었다.

명절 때만이라도 내 아버지에게 지팡이 노릇을 했어야 했는데, 마음뿐 그냥 저세상으로 보내드리고 말았다. 주책스럽게도 이제 와 웬 눈물인가.

명태

자식 농사 망쳤다는 친구가 술 한잔하잔다. 잘 구운 노가리를 안주로 소주잔을 주고받는데 송창식이 부른 '명태'라는 노래가 흘러나온다.

'…… 어떤 외롭고 가난한 시인이 밤늦게 시를 쓰다가/ 쇠주를 마실 때/ 그의 안주가 되어도 좋다/ 그의 시가 되어도 좋다/ 짝짝 찢어지어 내 몸은 없어질지라도/ 내 이름만 남아 있으리라/ …… '

명태는 이름이 많아도 쓰임새마다 사람들의 입맛을 당기니 이름값을 다 하는 셈이다. 가까운 바다에서 갓 잡아 올린 생태는 탕으로서 으뜸이요, 먼 바다에서 잡아 얼린 동태는 서민들의 속 풀이용 탕이 되거나 명절에는 담백한 전이 된다. 말라서 수분이 빠진 북어는 술꾼들에게 최고의 해장국이 되고 방망이에 두들겨 맞아도 솜털 같은 보푸라기로 변해 무침이 된다. 반쯤 말린 코다리는 매콤한 찜으로, 추운 들판에서 얼고 녹기를 반복한 황태는 제사상마다 귀히 오른다. 명태의 창자는 소금에 절여져 창난젓이 되고 알은 곰삭아서 명란젓이 되니 명태는 어느 것 하나 버릴 것이 없다. 이뿐이랴, 새끼인 노가리는 술안주로 제격이다. 명태의 화려한 변신이 부러울 따름이다.

남자는 명태를 좋아하다가 명태를 닮아버렸는지 참 많은 모습으로 살아가야 한다. 떳떳한 자식 도리에 괜찮은 남편 역할, 당당한 애비 구실과 직장에서는 탁월한 상사 노릇을 해야 하기 때문이다. 이 모든 것을 두루두루 잘해야 남자답다니 속은 터지고 가랑이는 째질 형편이다. 사실은 어느 하나에서도 잘하기가 쉽지 않은데 혹 어느 하나라도 뒤지면 사람대접을 못 받게 되니 남자는 삼백예순 날 바지게를 지고 사는 꼴이다.

죽어라 일하는 것이 가족을 먹여 살리는 유일한 길이었고 부모님께는 밥벌이 걱정 끼치지 않는 것이 아들로서의 첫 도리였다. 그래서 싫든 좋든 일에 빠져 펄쩍거렸다. 겨우 살 만해져서 제대로 효도해보려니, 부모님은 고향처럼 늘 그 자리에 계신 것이 아니었다. 덩그런 무덤 앞에서 넋을 놓고 그냥 울었을 뿐이었다. 세월아, 나는 어쩌란 말이냐?

사랑한다는 말이 굳이 없더라도, 그 자리에 있기만 해도 좋은 남편이라 하던 아내가 이제 와선 때때로 정겨운 사랑이 아쉬웠노라 한다. 결혼기념일 선물이 몇 번 빠졌나? 밥만 먹고 사느냐는 야릇한 아우성의 뜻도 그때 새겼어야 했는데, 아뿔싸 이를 어쩐담. 아무리 뜻이 달랐어도 흰눈까지 뜨진 말았어야 했는데.

멍한 시선으로 자식들을 돌아보니 아이는 제 혼자 자란 듯 뻣뻣해져 있다. 자식들 기죽이기 싫어 몸이 아파도 마음 놓고 드러누울 수 없었고, 윗사람과 뜻이 달라도 비굴하게 웃기도 해야 했다. 치열하게 벌어 과외비 들여 대학 보냈고, 메이커 옷도 사주지 않았느냐고 나무랐지만 다른 집 아빠들도 다 그랬노라고 야멸치게 등을 돌렸다. 돈으로 훌륭한 아빠가 되는 것이 아니었음을 뒤늦게 깨달으니 무슨 소용이람. 한잔 술에 불콰해진 취기마저 천리만리 달아난다.

직장에선 귀신처럼 일하면서 직원들에게 날 보며 온몸으로 배우라 했더니, 기계처럼 차가워 다가오기가 어려웠단다. 난 정녕 그들에게 정다운 상사가 아니었을까? 나름 따뜻한 사람이 되려 밥도 사고 커피도 함께 마시며 내 가슴을 열어재꼈는데 술잔을 높이 들어올리지 못한 죄였나 보다. 하기야 술이 능력인 시대였으니까.

일은 낮에만 하는 것이 아니었다. 우리는 바닷속 명태가 떼 지어 다니듯 밤마다 몰려다녔다. 직장 동료의 부모들은 멀쩡하게 살아계셨어도 차례대로 고인 아닌 고인이 되었어야 했다. 그렇게 날조된 상갓집에서 밤새워 술 마시고, 밤샘 고스톱을 벌이곤 했다. 부조금이 술값이 되고 노름 밑천도 되었다. 나쁜 짓도 같이 해야 동료가 되는 세상 속에서 모난 사람이 되지 않으려 열심히 허우적거리기도 했다. 깨어나면 토악질처럼 더러운 아침을 뉘 좋아 즐겼겠는가.

어느 시인의 시구처럼, 나도 한때는 누군가에게 상큼한 의미를 지닌 사람이 되고 싶었다. 단지 앞만 보고 달리다 보니 잠시 의미를 잊었을 뿐인데, 그것이 죄라면 너무 억울하다. 모든 사람에게 다 잘하려다 누구에게도 인정받지 못하는 헛똑똑이가 되고 말았으니 이를 어쩌란 말인가. 짝짝 찢어져 술안주가 되었지만 이름값 하는 명태가 어찌 부럽지 않으랴.

'짝짝 찢어지어 내 몸은 없어질지라도/ 내 이름만 남아 있으리라/ …… 명태 명태 이세상에 살아 있으리라'

'명태'라는 노래가 끝나가고 있었다. 뜻이 무너진 집구석이 어디 한둘이겠느냐며, 친구에게 노래 가사를 위안 삼으면 어떻겠느냐고 했다.

연鳶

가을입니다.
그대를 향한 나의 마음은 허공을 맴돕니다.

입영열차에 오르기 전 가슴 울렁이며 그대를 기다리던 젊은 날을 생각합니다. 그때 우리는 선배의 소개로 일 년 동안 편지만 주고받던 펜팔친구였지요. 채 사진도 오가지 않은 마알간 마음이었습니다.

그대와 내가 주고받은 편지는 라이트블루 색깔의 파카 잉크로 쓴 글이었지요. 공교롭게도 끝이 막히지 않은 채 푸른 줄이 그어진 편지지마저 똑같았습니다. 어쩌면 그때 우리는 현실이라는 굴레를 벗어나 푸른 하늘을 연처럼 날아오르고 싶었던 것은 아니었을까요?

가을빛에 익어가는 빨간 능금 같은 마음을 보내봅니다.

대답은 없습니다.

그때처럼 만년필을 꾹꾹 눌러 마음을 담은 편지라도 쓰렸더니 잉크병마저 말라있습니다.

그날, 큰 키에 비해 얼굴이 작아 귀엽다는 그대 모습을 찾기 위해 얼마나 두리번거렸는지요. 연신 시계를 들여다보았습니다.

첫 만남의 설렘이 연줄처럼 팽팽해진 그때였습니다. "선배! 선배 맞지?" 하며 꿈속인 양 나타난 그대.

얼싸안고 역 광장을 풀쩍풀쩍 뛰고 싶었지만 나는 가슴 졸이며 하늘 높이 연을 날리던 여린 소년의 떨리는 마음이었을 뿐입니다.

그대가 쓴 편지글 한 줄에 두둥실 하늘을 나는 연이었으니까요.

하고 싶은 말은 많아도 차라리 삼키는 것이 나을 것 같아 청명한 가을 하늘에 빈 웃음만 날려 보냅니다.

석양에 비친 둘의 그림자가 한없이 늘어진 서울역 플랫폼, 용기를 내어 그대의 손이라도 한번 잡아보고 싶은 열망이 부푸는 순간 불쑥 그대가 먼저 손을 내밀었지요.

"선배, 건강하게 잘 다녀와요."

어린 시절, 냇가 둑에서 연날리기는 더없는 즐거움이었습니다.

바람 부는 날일수록 연을 날리는 손끝의 감각은 더 충만해집니다.

얼레에 감긴 실을 있는 대로 확 풀어버리면 연은 하염없이 머언 하늘로 떠나갑니다.

갑자기, 영영 떠나버릴 것 같은 조바심에 연줄을 재빨리 되감습니다. 그렇게 밀고 당기다가 어느덧 나도 연이 되어 하늘로 날아오릅니다. 더 멀리, 더 높이 날아봅니다. 끝없이 날고 싶은 욕망이 찾아든 순간, 연줄이 팅~ 하며 끊어져 버리고 맙니다.

이젠 더 이상 어떻게 내 마음을 나타낼 방법이 없습니다.

기차는 우리들의 운명을 찢어버릴 듯 기적 소리를 토해내고 있었습니다.

어쩔 수 없이 움직이는 열차에 뛰어올랐습니다.

그대를 향해 쓴웃음으로 손을 흔들었습니다.

그때 홱 돌아서 가던 그대의 뒷모습

지금도 가을이 오면 그 모습이 실 끊어진 연처럼 가물거립니다.

1402호 아저씨는 바람둥이?*

내겐 유난히 매혹적인 친구가 있다. 그는 자수성가한 사업가로 자신감이 넘치는 활달한 성격에다 언제나 웃는 표정이라 주위 사람들로부터 인기가 많다.

그런 그가 한때 자기 동네에서 바람둥이로 소문이 났었다. 아파트 엘리베이터 안, 금방이라도 질식할 것 같은 공간이 싫어서 아무에게나 먼저 말을 붙였다고 했다. "1402호에 이사 온 사람입니다. 잘 부탁합니다. 몇 호에 사세요?" 친절이 화근이 되어 졸지에 그는 동네 여자들에게 작업하는 남자가 되었다. 나이 지긋한 그가 젊은 부인들에게 살갑게 인사하고 여자 아이들에게 관심을 보였으며 때로는 나이 든

할머니에게도 부지런히 문안한 것이 청탁을 가리지 않는 플레이보이의 조건을 충족시켰던 모양이다.

그야말로 소문은 제멋대로 난무했단다. 그가 난봉꾼이 아님을 증명하는 데는 이 년 가까운 세월이 걸렸다고 했다. "1402호 아저씨는 나한테도 인사를 잘하는데?" 게는 가재 편이라고, 사내아이들의 증언과 할아버지들의 옹호로 겨우 누명을 벗을 수 있었단다.

아파트에서 옆집과 인사 나누기가 백릿길을 가는 것처럼 멀고 어렵게 되었다. 누가 먼저랄 것도 없이 말없이 지내기로 결심한 사람들처럼 엘리베이터 안에서는 의도적으로 고개를 돌려야 한다. 여자는 성 추행범이라도 막아야 할 듯이 쌀쌀맞은 표정을 지어야 하고 남자는 마치 불륜을 저지르다 들킨 것처럼 뻣뻣하고 어색하다. 무관심보다 더한 형벌은 없다는데, 이처럼 부정적 투사를 주고받으면서 엘리베이터 안은 급속히 얼어붙고 만다.

온갖 첨단 시스템들이 동원된 아파트는 바람 한 점 들어올 틈이 없다. 안락한 공간, 편리 만점의 주거시설이라고 좋아하면서도 그 속에 사는 사람들은 한없이 외롭다. 이웃에 누가 사는지 알려고 하면 오히려 이상한 사람이 된다. 이처럼 사람들과의 소통을 완벽하게 차단해놓으니 이웃이 죽어

백골이 되어도 모른다. 차라리 감옥에서 사람을 사귀는 게 더 쉽겠다는 생각이 들기도 한다.

파리의 몽마르뜨 언덕 중간쯤에 하얀 돔처럼 생긴 성당이 있다. 그리로 여행 중에 안으로 들어가 미사를 참례하다가 횡재(?)를 했다. '평화를 빕니다'며 평화의 인사를 나누는 시간에 나는 이 땅에서 하던 대로 건성건성 눈인사나 할까 했는데 웬걸, 수많은 프랑스 여자들이 활짝 핀 미소로 서슴없이 나를 포옹으로 맞아주었던 것이다. 풍성한 축복이었다. 내게도 이런 여복이 있나 싶었다.

멀리 있는 사촌보다 이웃이 낫다는 말은 가까이서 정을 주고받기가 쉽기 때문이겠지. 길은 애당초부터 있었던 것이 아니다. 여러 사람이 다녀서 길이 되었듯 인사도 나누다 보면 큰길이 되겠지.

2부

신명난 탈출

신명난 탈출*

길을 나섰다. 어떤 이는 잘 꾸민 아름다움으로 또 어떤 이는 절제미 넘치는 단아함으로 함께 나섰다. 일상으로부터의 탈출. 우리는 진한 감동을 미리 예견이라도 했는지 모두가 출발에서부터 이미 순례자다웠다.

몇 해 전, 인도로 명상여행을 다녀왔다. 뭄바이에 있는 도비갓이라는 공동 빨래터에서는 사람들이 빨래를 도리깨질하듯 돌에다 메치고 있었다. 방법은 아닌 듯해도 세탁은 되고 있었고 맑은 물은 아니었지만 빨래는 하얘지고 있었다. 그 어처구니없는 모습에서 문득 내가 세상을 세탁하겠다고 설쳐댄 꼴이 어른거렸다. 차라리 내가 빨래가 되면 어떨까 싶었다. 그런데 아무리 빨아도 희어지지 않을 것 같은 걱정이 내 마음을 무겁게 짓누르고 있었다.

이삿날에도 회사 일에 파묻혀 이사했다는 사실을 까맣게 잊은 채 옛집으로 퇴근한 적이 있었다. 그래도 민망해할 줄 모르는 내게 아내는 일과 결혼하지 왜 자기와 결혼했느냐고 앙칼진 원망을 쏟아부었다. 오히려 난 그런 아내가 야속했다. 가족을 위해 미친 듯이 일한 것이 욕먹을 만큼 잘못된 일은 아니라는 생각 때문이었다. 일없이 빈둥거린 휴일엔 늘 짜증이 났으니 심한 일 중독자였던 게다. 난 바람이 없어도 펄럭이는 깃발이어야 했다.

건방지게도, 나는 최선으로 살아왔기에 언제나 내가 옳다는 생각이었다. 이번 여행을 떠날 때만 해도 산더미 같은 일을 남겨두고 열흘 넘게 자리를 비운다는 건 내게 일으킨 반란이나 다름없었다. 하지만 내가 자리를 비웠어도 연구소는 여전히 잘 돌아가고 있었으니, 그동안 난 엄청스러운 착각 속에 살아온 것이었다. 아무리 부정을 해도 나르시시스트였음이 분명해졌다.

나를 해방시킨 건 뿌나에 있는 오쇼 라즈니쉬 명상센터였다. 다이내믹한 음악과 춤이 넘실거리는 곳, 넓디넓은 홀에는 세계 각국에서 몰려든 사람들로 가득했다. 그곳에서는 여자도, 남자도 자주색 원피스처럼 생긴 헐렁한 마룬로브라는 옷을 입고 신나는 음악에 맞춰 움직이다가 명상에 들도록 지도하고 있었다. 명상은 으레 정적일 것이라는 선입관은 산산조각이 나고 말았다.

웃으라기에 웃었다. 언제 끝날지도 모를 음악에 맞추어 웃다 보니 모두가 미친 사람 같았다. 웃음에는 유난히 인색했던 내가 어찌 흔쾌히 웃을 수 있으랴. 내 옆구리를 간질이며 웃고 발바닥을 긁어가며 웃어 재꼈다. 나중에는 마주 보는 사람의 웃는 모습을 쳐다보며 파안대소하는데 갑자기 음악이 끊어졌다. 정지동작 그대로 명상에 들자 신기하게도 기쁨이 샘물처럼 솟구쳐 올랐다.

다시 음악을 흘리다가 마음껏 울어보란다. 너무도 일찍 세상을 떠나신 어머니가 보고 싶어 울고, 넘치는 재주를 써보지도 못하고 요절한 동생이 애석해 울었다. 그래도 눈물이 남아, 남을 의식해 척하면서 살아온 나 자신이 서글퍼 통곡했다. 마치 내가 죽은 것 같아 진짜 슬펐다.

이젠 화를 풀어보라고 했다. 쌓아놓은 울분을 단번에 날리려고 미워했던 사람들을 향해 마구 욕을 퍼부었다. '야 이 짐승 같은 놈들아, 먼저 인간이 되어라' 악다구니를 쓰며 고래고래 고함도 질렀다. 카타르시스는 잠시, 그 아우성은 메아리가 되어 나를 향한 외침으로 되돌아왔다.

음악에 맞춰 춤을 추란다. 나무 등걸처럼 둔탁한 몸을 장단에 맞춰 흔들었다. 어디서 솟은 신명인지 온몸이 땀으로 흠씬 젖었다. 혹, 내 속에 호시탐탐 일탈을 꿈꾸는 바람기라도 숨겨져 있었던 것일까, 미친 듯이 흔들었더니 드디어 춤도 되었다. 희열이 분수처럼 솟아올랐다.

시원했다. 형식과 체면을 벗어버리고 있는 그대로, 느낌 그대로 살자는 생각이 나를 사로잡았다. 감정의 자연스러운 분출이 나를 해방시켰나? 인도는 나에게 신명난 탈출구가 되었다. 이젠 나를 찾아 떠나야겠다.

자작나무

톨스토이가 60년을 살았던 야스나야 폴랴나에 들렀다. 그의 생가에 들어서자 러시아의 국목인 자작나무는 허연 아랫도리를 드러낸 채 바람이 불 때마다 누런 잎을 낙엽으로 털어내고 있었다. 가지를 스치는 바람 소리가 그의 절규처럼 들렸다. 그가 살았던 흰 저택에서는 떠난 지 백 년이 지났건만 아직도 그의 숨결이 느껴졌다. 레프 니콜라예비치 톨스토이! 속삭이듯 작은 목소리로 그를 불러보았다. 농민들이 즐겨 입었다던 톨스토까를 걸친 그가 초상화에서 쫓아 나와 우리들을 반가이 맞았다.

먼 곳에서 왔구먼, 잘 왔어. 온 김에 내 애끓었던 사연도 좀 들어주렴. 사람들은 나를 러시아의 위대한 문호라고 추켜세우지만 솔직히 나는 그런 위인이 못 돼. 내가 오죽 별난 사람이었으면 나이 여든둘에 가출했겠어? 내 가정도 원만히 이끌지 못했잖은가.

어떤 사람들은 내 아내 소피아를 악처라고 하는데 아닐세, 실은 내가 못난 남편이었지. 나는 어머니로부터 많은 유산을 물려받긴 했으나 가난하게 살고 싶었어. 풍요롭게 사는 것이 부끄러웠고 죄스럽기도 했다네. 그런데 아내는 마음껏 부를 누리고 싶었던 거야. 우리 부부는 이런 가치관의 차이 때문에 마찰이 좀 있긴 했었지. 하지만 세상에 작은 문제도 없는 부부는 없잖아. 어쩌면 이런 갈등이 오히려 내 창작 의욕을 더욱 자극했던 것 같기도 해.

나는 글을 쓸 때가 제일 행복했어. 키는 컸으나 눈이 나빠서 앉은뱅이 걸상에 앉아 고개를 푹 숙인 채 원고를 썼는데, 마치 책상에 대롱대롱 매달린 꼴이었지. 오랫동안 자리에 앉아 글을 쓴다는 것은 고통이었어야 했는데 오히려 기쁨이 솟구쳐 올랐어. 몰입의 덕분이었나 봐. 그렇게 불편한 자세로 백 편 가까운 작품을 썼으니 기적이라면 기적이었지.

내 글씨가 지독한 악필이라고? 맞아, 때로는 내가 쓴 글을 나 자신도 알아보기 어려울 때가 있었으니까. 그런데 그 위에 줄을 긋고 고쳐 쓴 원고는 엉망진창이었지. 하지만 신기하게도 아내는 그런 난필을 잘도 읽어냈어. 아내가 세심하게 교열해 주고 교정해주지 않았다면 내 작품들이 세상에 나올 수 없었을 걸세. 위대한 사랑의 힘이었어.

그렇게 초기에 태어난 작품이 '안나 카레리나'와 '전쟁과 평화'였는데, 여기저기서 찬사가 쏟아졌지. 하지만 나는 시궁창에 빠진 사람처럼 내가 왜 사는지 알 수가 없었어. 정말 나를 힘들게 했던 것은 나 자신이었어. 내 속에서는 선과 악이 늘 심하게 다투고 있었던 거야. 선이 이겼으면 좋겠는데 문제는 악의 힘이 너무 셌어. 밤에는 악령이 준동할 것 같아서 아예 펜을 들지도 못했지, 오죽이 무서웠으면 낮에만 집필했겠어? 갑자기 죽음이 두렵기도 하고 인생이 허무해졌네. 답답한 마음에 교회를 찾았지만 그곳엔 신은 없고 썩은 냄새가 가득해서, 이런 교회가 무슨 소용이냐고 떠들었더니 나를 파문시켜버리더군.

정녕 모두가 평화롭고 행복하게는 살 수는 없는 것일까? 끝없는 방황에도 달리 방법이 없어 농민들을 위해 내 땅을 내놓고 나의 저작권을 포기하겠다고 가족들에게 선언해버렸지. 아내와 자녀들이 내가 미쳤다고 난리를 친 건 당연한 일 아니었겠는가. 많은 하인을 두고도 나는 매일 장작을 팼어. 품위를 지키지 못한다고 말이 많았지만 그렇게라도 스트레스를 풀고 싶었고 나름 운동도 되기 때문이었어.

내 무덤이 너무 초라해서 마음이 아팠다고? 평소부터 나는 가족들에게 내가 죽으면 봉분을 만들지 말고 평장으로 하고 묘비도 세우지 말 것을 유언으로 남겼어. 부자로 산 죗값을 조금이라도 속죄하고 싶었던 거야. 그러니 제발 가족들이 나를 버렸다고 오해하지는 말아주기를 바래.

러시아를 대표하는 대문호 톨스토이. 그는 세상의 모든 사람들을 행복하게 해주는 마법의 푸른 지팡이를 찾아 평생을 헤맸지만 찾을 수가 없어 애통해했다. 가출한 지 열흘 만에 시골 어느 역무원의 집에서 외롭게 숨을 거둔 그는 낙엽을 지운 자작나무를 닮아 있었으리라. 어쩌면 그의 뜻대로, 죽음만은 행복하게 맞았을지 모른다. 돌아오는 길에도 자작나무들은 온 팔을 들어 우중충한 러시아의 하늘을 떠받들고 있었으니까.

시애틀, 잠 못 이룬 밤

그래, 이번에는 확실히 그대와는 끝장이야. 마침 20세기의 마지막 달이니 의미도 깊잖아. 제2의 인생을 출발시키는 장소로서 시애틀은 얼마나 멋진 곳인가. 우린 참 구차스러운 인연이었지만 끝내기만은 장쾌해야지.

1999년 12월, 미국에서 열린 카네기월드컨벤션에 새내기 강사로 참여하게 되었다. 시애틀의 밤은 깊어 갔으나 영화 제목처럼 잠을 이룰 수가 없었다. 낮에 마구 들이켠 커피 때문만은 아니었다. 온화한 기후에 아름다운 풍광, 푹신한 침대가 좋아 임이 그리웠던 사치는 더더욱 아니었다. '사느냐

죽느냐 그것이 문제로다'라는 햄릿만큼 심각한 고민에 둘러 빠졌기 때문이었다.

그곳에 도착하자마자 일주일 동안 진행될 커리큘럼을 보는 순간, 가슴 설레게 했던 내 야무진 꿈은 마구 흔들리기 시작했다. '아니 이게 뭐야, 나도 강의를 맡아야 한다고?' 이럴 줄 알았으면 아예 오지를 말았어야지, 원어민의 영어를 알아듣기도 전전긍긍인데 이 무슨 날벼락인가? 개망신을 당하느니 차라리 도망쳐 관광이나 하는 게 낫겠다는 생각이 들기도 했다. 하지만 하필 이럴 때 왜 애국심은 맹렬하게 작동하는지, 나라까지 망신시켜선 안 된다는 생각으로 단 한 시간의 수업도 빼먹을 수가 없었다. 시도 때도 없이 준동하던 똥배짱은 다 어디로 사라졌을까?

전 직장에서의 조기퇴출이라는 악몽이 스멀스멀 기어 나왔다. 내게 최선이 남에게도 최선이 안 될 수도 있음을 뼈저리게 새겼으면서도 왜 이렇게 빨리 컨벤션에 참가하겠다고 서둘렀을까? 그간 살아오며 성급한 결정으로 그르친 일들이 옴니버스영화의 화면처럼 조각조각으로 스쳤다. 뜬금없이 맥 빠진 처자식의 모습도 오버랩되어 왔다.

그러거나 말거나 한 치의 오차도 없이 내 몫의 강의는 한 발 한발 다가오고, 머리는 맷돌이라도 얹은 것처럼 자꾸만 꺾어지고 있었다. 자격증에 잉크도 마르지 않은 애송이 강사에다 영어로 강의를 해야 한다는 것은 꿈에서도 어려운 일이었다. 신명나는 동기부여가가 되겠다는 소망은 혼비백산, 가없이 밤하늘로 날아가고 있었다. 개울가에 놀던 미꾸라지가 태평양에 던져진 기분이었다.

과한 제스처로, 영화 대본을 쥔 배우처럼 호텔 방을 서성이며 연습을 거듭했지만 자신 없기는 매한가지. 그래도 운명의 그날을 위해 잠시라도 눈을 붙이려 침대에 들었지만 의식은 점점 더 또렷해졌다. 일어나고 눕고, 또 일어나기를 반복하다가 문뜩 그를 만나면 이 어려운 문제가 연기처럼 사라질 것 같았다.

곤란한 일이라면 언제나 해결해 줄듯이 나섰던 백기사, 힘들 때마다 구수하게 다가왔던 그가 몹시 그리웠다. 그러나 출국하면서 공항 쓰레기통에 던져버린 걸, 그와의 이별 각오도 경솔했나? 이젠 그를 다시 사귈 것인가, 말 것인가로 방을 오가며 번민하기 시작했다. 사나이 결심은 어쩌라고, 그러면 안 된다고 생각할수록 그를 향한 욕구는 더 맹렬하게 치솟았다.

주섬주섬 옷을 걸쳐 입고 맨발에 구두를 꿰고 가게를 찾아 자정이 넘은 시애틀의 밤거리로 나섰다. 불을 찾는 부나

비처럼. 그 밤, 호텔 내에서 금연이라는 규칙을 지켜내느라 바닷바람 몰아치는 호텔 밖을 수도 없이 들락거렸다. 그리 오가다 어느새 날이 밝았다. 간다간다 하면서 아이 셋 낳고 결국 못 가는 기구한 여자의 운명을 닮지는 말았어야 했는데…….

시애틀의 잠 못 이루는 밤에 난 또 그에게 무참히 무너지고 말았다. 우리는 앉으면 머리가 보이는 훈련소 화장실에서 처음 만났었지. 언제나 그 구수했던 첫정을 바라며 맹렬하게 사랑했어도 그는 연기만 피웠을 뿐이야. 지독한 짝사랑이었나 봐.

남자의 멍에를 어찌 담배 한 개비로 풀어내랴만 힘든 일을 만날 때마다 그가 그리워지는 건 왜일까? 요즘도 가끔 시애틀에서 잠 못 이뤘던 밤이 꿈속에 아스라이 나타나곤 한다.

벌거숭이에 소나기라도

사주에 물[水]이 들어있지도 않으면서 유난히 물을 좋아하는 건 왜일까? 백의 얼굴, 천의 몸짓으로 살아가는 물은 언제나 내 마음을 설레게 한다. 흐르는 물은 곧잘 영혼을 흔들어 깨우고 그 소리는 생명의 외침으로 내게 활력을 안겨주곤 한다.

계곡을 흐르는 물은 얌전한 색시처럼 고요히 앉았다가도 어느새 바람난 아낙처럼 급히 회돌이 치는가 하면 신들린 무당처럼 폭포가 되어 낭떠러지로 떨어져 버린다. 흔들리던 내 마음도 덩달아 후련해진다. 물 좋고 정자 좋은 곳 없다는 속담에도 따사로운 햇볕 아래 은빛 포말 부서지는 계곡 곁에다 그림 같은 집 한 채 짓고 싶어진다.

유유히 흐르는 강물은 언제 보아도 정겹다. 경부선 기찻길 옆을 흐르는 낙동강, 해 질 녘 물금에서부터 밀양으로 오르는 강의 얼굴은 평화 그 자체다. 번민 많았던 청춘을 씻었던 그 강물은 아직도 소리 없이 흐른다. 세월을 다 삼키고도 흐르는 듯 마는 듯 시침 뚝 뗀 강. 저녁노을에 고깃배라도 한 척 떠 있으면 나 차라리 한 마리 물고기로 낚이고 싶다.

세상의 모든 물을 보듬어내는 바다는 또 얼마나 웅장한가. 평상심으로 살아가는 소라빛 바다는 싱그러워 좋고 태풍에 화가 난 바다는 태초부터 쌓여온 모든 앙금을 뒤집어 버린다. 통쾌한 카타르시스, 더없이 상쾌하다. 내 스스로 털어내지 못한 감정들을 대신 씻어주기 때문이리라. 싱싱한 고등어, 갈치, 오징어를 풍성히 내놓는 바다를 뉘 싫어할까? 궁하면 멸치까지 토해내는 갯내 나는 바다는 늘 바쁘기 마련, 얼마나 많은 이들이 다녀갔는지 개의치 않고 사철 철석거리기만 한다.

지난봄 세미나 참석차 대마도에 갔었다. 이즈하라 공원에는 고종의 딸 덕혜옹주와 대마도 도주의 아들인 종무지의 결혼기념비가 세워져 있었다. 버려진 듯 쓸쓸한 유적지를 착잡한 마음으로 돌아 나오는데 허름한 안내판의 글귀가 발걸음을 사로잡았다. 종무지의 수필집 '춘정락'에서 발췌한 수육훈水六訓 때문에 가슴을 쓸어내려야 했다.

물, 그는 모두에게 생명력을 주지만 나는 내 생명을 탕진해가며 살았다.

순리로 살아가는 그는 위에서 아래로 흐르지만 나는 내 기분대로 마구 흘렀다.

그는 어떤 어려움도 이겨내는 용맹심과 어디에도 어우러지는 친화력을 지녔는데 나는 요리조리 어려움을 피해가며 내 마음에 맞는 사람만 좋아했다.

그는 자신은 물론 남의 더러움까지도 씻지만 난 내 마음도 씻지 않으려 꾀를 부렸다.

빛과 전기로, 식물에게는 절대생명이 된 그는 무한히 봉사하며 어떠한 보답도 바라지 않는데 나는 되로 주고 말로 받으려 앙탈도 부렸다.

그는 구름, 비, 눈 무엇이 되더라도 본질을 지키지만 아직도 나는 왜 사는지를 잘 모르며 대충대충 살았다.

물이 준 가르침 어느 하나에도 당당할 수 없었던 나. 지금 쏟아지는 소나기 속으로라도 뛰어들어야 하나? 벌거숭이가 되어.

오로라

독일이 통일되고 한 달 만에 그곳에 갔었다. 아직도 통일의 기쁨이 방방곡곡 물결치고 있을 때, 우리 일행은 북부 공업도시 부펠탈 교외의 한적한 마을에서 민박을 했다. 오로라라도 뜬 것일까. 하늘로 뚫린 창을 통해 별들이 화려하게 사랑을 나누고 있는 집에서.

독일 사람들의 우월의식은 그들의 큰 덩치만큼 강한데도 우리 일행에게는 한없이 부드러웠다. 노리짱한 얼굴에 검은 눈동자, 까만 머리의 사람들이 신기하게 보였을까? 동양에 있는 작은 나라쯤은 경쟁상대가 아니라고 여겼는지 그들은 마냥 상냥하기만 했다.

일행이 닷새를 묵었던 그 집을 떠나기 전날 밤, 우리를 위해 집주인은 송별 파티를 열어주었다. 이웃의 몇몇 부부와 시집간 딸과 사위가 초대되었다. 우리는 독일어를 못하고 그들은 우리말을 못하니 피차 몇 푼씩 모자라는 영어로 소통하되 통역은 그 집 사위가 맡았다. 하지만 손짓 발짓이 더 잘 통했고 그럴 때마다 폭소가 터져 나왔다.

"이 도시의 자랑거리는 뭡니까?"

"이곳에는 공중에 매달려 다니는 전철이 있습니다. 건설된 지 백 년도 넘었어요."

공중에 매달려 다니는 전철이라고? 합리와 견고를 상징하는 독일에서 빨리 달릴 수도 없고 안전하지도 않은 전철을 자랑하다니, 그들의 열변에도 납득할 수 없었다. 주인은 독일어 팸플릿까지 찾아와 전철 사진을 펴보였지만 내 고정관념은 깨지지 않았다. 백문百聞이 불여일견不如一見이니, 내일 아침에 문제의 전철을 직접 타보기로 하고 이야기를 끝냈다.

밤 열시쯤 파티가 끝났을 땐 작별이 아쉬웠던지 밖에는 비가 내리고 있었다. 이층에 올라와 샤워를 끝내고 자리에 들었는데, 그 집 안주인이 내게 손님이 왔으니 아래층으로 내려오라고 손짓했다.

'에이, 농담도 잘하셔. 지구 반대쪽에 와 있는 내게 손님이라니, 더구나 이토록 늦은 밤에……' 말도 안 된다는 생각이었지만 놀랍게도 아래층엔 30km 떨어진 곳에 산다던 그 집 딸과 사위가 만면에 미소를 지으며 팸플릿을 내밀었다.

그들 부부는 집으로 돌아가는 차 속에서 '부펠탈의 명물, 공중에 매달려 달리는 전철'을 잘 이해시키지 못한 것이 안타까웠노라면서 집에 영어 팸플릿이 있을 것 같으니, 찾아보고 있으면 우리들에게 갖다 주기로 약속했단다. 우리들에게 한 약속이 아니라 그들 부부끼리 한 약속을 지키기 위해 그들은 깊은 밤, 비가 쏟아지는 먼 길을 되달려온 것이었다. 감동이었다.

그들은 통일을 열 번 시키고도 남을 힘을 가지고 있었다.

나라면 어땠을까? 혹 그런 약속을 했다 하더라도 깜빡 잊었다 라던가, 밤이 깊어 나중에 주려고 했다는 등 온갖 핑계를 둘러대고 말았을 것이다.

우리는 기본과 진실을 외면한 채, 상황에 맞게 거짓말을 잘 둘러댈 수 있어야 융통성 있는 사람이 되는 이상한 세상에 살고 있다. 그래서 없어도 있는 척, 몰라도 아는 척해야 살아남을 수 있으며 반대로 있어도 없는 척 알아도 모르는 척해야 요령 있는 사람이 되기도 한다.

다음 날 새벽, 우리는 전철역으로 달려갔다. 커다란 ∧자형 아치 밑에 매달린 전철이 방울소리를 내며 역으로 들어서고 있었다. 케이블카처럼 출렁이는 전차 속에서 땅 위를 달려야 좋을 전철이 왜 공중에 매달려서 달리느냐고 물었더니 아래로 물이 흐르고 있는 하천을 가리켰다. 백 년 전, 그들의 조상은 후손들이 살아갈 땅을 한 뼘이라도 더 많이 물려주기 위해 유휴지에다 전철을 건설했단다. 과연 독일다웠다.

그들은 통일을 열 번 시키고도 남을 힘을 가지고 있었다.

우리는 원칙이 무슨 소용이며, 백 년 후는커녕 십 년 후도 알 바 아니고 오직 빨리 돈만 벌면 그만이었다. 백화점이 무너지고 다리가 끊어지는가 하면, 지하철이 불타도 우리는 늠름하게(?) 살았다. 이 땅에 살고 있는 것이 몹시도 부끄러웠는데 이젠 바다 위를 달려야 할 여객선이 물속에 처박히고 말았다. 아~ 엉터리 세월호! 그 싱그러웠던 봄날, 태양이 힘차게 솟아오르는 아침에 우리는 동네 앞바다에다 삼백 명도 넘는 꽃봉오리 청춘을 수장시켜버렸다.

온갖 거짓과 추잡한 요령을 길이라 가르친 우리들, 오히려 세상을 오래 살았을수록 더 큰 죄인일 뿐이다. 무슨 낯짝으로 용서를 구하겠는가. 가슴에 노란 리본만 단다고 모든 것을 용서받는 것은 아니었는데, 여태 훈장처럼 달고 다니는 뻔뻔한 사람들도 있다. 교훈도 없이, 냄비처럼 끓다가 또 식어버리면 어쩌나.

그곳에서의 모든 일정을 끝내고 마지막 스케줄은 관광이었다. 우리들은 로렐라이를 거쳐 남부 독일로 내려가기로 되어있었다. 늦은 가을인데, 지난밤부터 내리던 세찬 빗줄기는 그칠 줄 몰랐다.

아침 식사를 끝냈을 때 전날 밤 파티에 참석했던 한스 무어 씨가 현관으로 들어섰다. "오늘은 제가 여러분을 로렐라이까지 모시겠습니다." 우리 일행은 어리둥절했다. 그는 바쁜 사업가로, 그 도시의 지도급 인사였기 때문이었다. 더욱이 로렐라이까지는 400마일도 넘는 먼 길이었고 예순 살 노인이 우리를 위해 봉사할 어떤 이유도 없었다. 빗길을 혼자 어떻게 돌아올 거냐며 한사코 사양했지만 그의 고집을 꺾을 수 없었다. 그는 휘파람을 불며 손수 핸들을 잡았다. 로렐라이 언덕에 올라 애틋한 사연의 '로렐라이' 노래까지 함께 불렀다. 진정한 멋쟁이였던 그가 연어가 강을 거슬러 올라가듯, 오후 늦게야 홀로 아우토반을 따라 집으로 향했다. 감동이 절로 솟았다.

그들은 통일을 열 번 시키고도 남을 힘을 가지고 있었다.

누린 만큼 의무를 다해야 하는 노블리스 오블리주. 하지만 이 땅엔 품위 있는 부자는 귀하고, 행복도 돈으로 사려는 졸부들이 보란 듯 설친다. 우리는 오천 년을 굶주렸기 때문이었을까? 갑자기 가난을 벗어나다 보니 오직 물질적인 데만 매몰된 천박한 자본주의에 빠져 허우적거리고 있다.

독일 사람들이 이룬 라인강의 기적은 튼튼했다. 인간을 존중하고 기본에 충실해서 이룬 영화를 그들은 자손대대로 누리고 있었다. 우리가 낳은 한강의 기적도 찬란하지만 한때 오로라로 떴다가 쉬 사라질까 두려운 마음을 지울 수가 없었다.

벚꽃 지는 날

반 술자리든 온 술자리든, 요즈음 사람들은 '구구팔팔 이삼사9988 234'를 외치며 술잔을 든다. 구십구 세까지 팔팔하게 살다가 이삼 일만 앓고 죽기를 바라는 현대인들의 염원을 담은 건배사란다. 오래 살기에 더하여 건강하게 떠나기를 바라다니, 어쩌면 간 큰 희망이라 하겠다.

작년 봄 벚꽃잎이 흐드러지게 흩날리는 날 장모님을 인천 앞 바다에 모셨다. 아직 화기도 채 가시지 않은 유골을 차가운 바닷물에 뿌리다니, 불효라는 생각을 떨쳐버릴 수가 없었다. 칠 년 전 이곳에서 보내드린 장인께서도 편히 계신지도 궁금해졌다.

"나도 죽으면 너희 아버지처럼 화장해서 유골을 바다에 뿌려다오."

살아계실 제, 자식들에게 거듭거듭 당부하시던 말씀이라 따르긴 하지만 왠지 말귀 못 알아듣는 청개구리 같아 혼란스러웠다.

삼십 년이 지난 일이다. 큰처남의 결혼식 전날 밤, 맏사위 노릇하느라 처가 친척들이 모두 모인 자리에서 나름 준비한 봉투를 내놓았다. 장모님은 서슴없이 봉투 속의 돈을 꺼내 큰소리로 세기 시작했다. "하나, 둘, 셋, ……, 마흔아홉, 백". 정말 황당하고 난감한 순간이었다. 백만 원을 기대했는데 오십만 원만 가져왔다는 나무람이었는지, 아니면 빤한 월급쟁이 주제에 많이 가져와 고맙다는 뜻이었는지 그때 장모님의 속마음을 나는 아직도 모르기 때문이다.

혹, 당신의 진짜 바람은 양지바른 명당에서 따듯한 잔디 이불 덮고 쉬고 싶지는 않으셨을까? 꺼~억 꺼~억, 갈매기가 내 곤혹스런 마음을 대신해 호곡하고 있었다. 두 분 다 팔십 년을 넘어 사시면서도 입원 한 번 하신 적 없고 그 흔한 치매의 그림자도 비치지 않을 만큼 건강하시더니 원하시던 대로 잠결에 떠나셨다. 아름다운 마무리였다. 바람에 벚꽃잎 지듯 편안히 생명을 내려놓으셨으니, 간절히 원하면 죽음도 선택할 수 있었나 보았다. 두 분의 금슬이 빛나보이진 않았지만 마지막 모습은 기묘하게 합치를 이뤘다.

처부모님의 삶은 벚꽃을 닮았었다. 벚나무는 길가에 심어져 척박한 땅에서 질기게 살아야 했고, 꽃잎은 작고 여려 혼자 모습으론 뽐낼 수 없으니 무리 지어 피어서 아름다움을 만들 듯 조화롭게 살아야 했다. 화려하지 못해 알아주는 사람 없으니 스스로가 환한 빛이 되어 제 몸을 빛낸 것처럼 철저히 헌신적이기도 했다. 꽃잎에 생기가 남았어도 바람이 불면 꽃비로 쏟아지듯 겸손하게도 사셨다.

정원의 양지바른 창 앞에서 탐스럽고 우아하게 꽃 피우는 목련이 어찌 부럽지 않았을까만, 무참히 무너져 내리는 낙화의 처참한 모습을 알았기 때문에 미리 욕심을 내려놓으신 것일까? 그래서 복 노인이 되셨나 보다.

'이 서방, 여기 모인 사람들 보니 아흔아홉까지 팔팔하게 살다 온 사람은 별로 없네. 우리 딸과 함께 적당히 살다가 이리 오게나. 여기도 살 만하다네.'

자작나무 II

한계령을 넘어선 강원도 인제. 지도에도 없었던 땅, 은비령도 지나서 북녘 비탈진 응달에 자작나무들이 모여서 산다. 그곳에 터를 잡은 지 40년도 넘었단다. 우중충하게 구름 낀 날 자작나무들은 스스로 흰 불빛이 되어 숲을 밝히고 있었다. 고맙게도 보름 밤처럼 구름의 속살까지 훤히 비춰주었다.

찾는 길손마다 왜 여기 사느냐고 묻습니다. 고향에 한 발짝이라도 더 가까이 살고 싶었을 뿐이었는데, 사람들은 고개를 갸우뚱거리며 왜 꺽다리가 되었느냐고 또 묻습니다.

매서운 날씨를 견디려면 가까이서 몸이라도 서로 비볐어야 하지 않겠느냐고 답했습니다. 사실은 객지 생활의 외로움 때문에 이리 야위었는지도 모릅니다. 고국으로 흘러가는 해, 달, 별, 구름 한 조각이라도 더 바라보려고 발레리나처럼 발을 곧추세워 살았었으니까 말입니다.

마음 없이 묻지만 말고 내 말 좀 들어보세요.

내가 허연 아랫도리를 내놓았다고 헤프게 여기지 말았으면 좋겠습니다. 쓰다듬고 보듬어 안아 주는 정도야 사랑으로 여기겠습니다만 제 인생을 책임지지 못할 바에야 아랫도리는 벗기지 마세요, 제발. 피가 줄줄 흐르는 아픔은 혀를 깨물며 참을 수 있지만 평생 빨건 속살을 드러내놓고 살고 싶지는 않답니다. 너무 부끄러우니까요.

어떤 시인은 자작나무 밑에 사는 사람들은 때 묻지 않은 하얀 마음을 가졌다고 했습니다. 그렇습니다. 내 고향 사람들은 없이 살아도 당신네처럼 내 몫 챙기기에 환장해 살지는 않았습니다. 그들은 추위를 이기려 보드카를 마시고 감자와 옥수수로도 허기가 채워지지 않으면 차라리 춤을 췄습니다.

'닥터 지바고'란 영화를 보셨겠지요. 비록 이루어질 수 없는 사랑이었을지언정, 지바고와 라라는 흰 눈 위에 하얀 달빛이 흐르는 밤의 설원을 내달렸습니다. 불륜을 저지른 라라가 추하게 보이지 않았던 것은 흰 자작나무의 풍광 때문만은 아닐 겁니다. 아마도 의사 지바고를 시인으로 사랑했기 때문이 아니었을까요? 그들의 예술사랑은 추위도 내몰곤 합니다.

아시다시피 우리 조상들은 예술적 재능이 뛰어났습니다. 하지만 결코 우연이 아니지요, 갈고 닦은 솜씨랍니다.

상트페테르부르크의 여름, 낮이 한없이 긴 백야는 예술가들에게 깊은 영감을 심어 음악과 미술을 낳았을 테고, 모스크바의 차갑고 어두운 긴긴 겨울밤에는 아마도 문학과 발레를 만들었을 겁니다.

그 자랑스러운 후예답게, 그들은 비록 감자죽을 먹을지언정 일 년에 한두 차례 오페라와 발레를 보곤 한답니다. 예술가들이 그들의 영혼을 살찌게 해주기 때문이지요. 아주 어릴 적부터 인생은 빵만으로 사는 것이 아니란 것을 그들은 잘 알고 있습니다.

혹, 바이칼에 가본 적은 있으신지요. 사람들은 제 마음이 바이칼 호수처럼 맑다고 합니다. 하얀 자작나무들로 둘러싸인 알혼섬. 그곳 사람들은 흰옷을 즐겨 입습니다. 그들의 음식과 생활방식이 그대들과 닮은 점이 많다고 합니다. 뿐이겠습니까, 비슷한 말들도 아직까지 남아있다고 하더군요.

알혼섬이 한민족의 시원일 수도 있다는 말을 미리 들었더라면, 그대들이 왜 백의민족이 되었는지 짐작이 갈 겁니다. 아마도 나를 함부로 대하지도 않았을 테지요. 누가 압니까, 어쩌면 우리는 뿌리가 통하고 있을지.

눈보라가 휘날리자 고향생각이 난 자작나무는 팔을 흔들어 자작자작 소리를 냈다. 바람난 아낙처럼 신이 났다. 고향 땅에서 눈썰매를 타고 달리던 추억이 흥을 보탠 것이었으리라.

어떤 행복론

여러가지문제연구소장*은 여수 여자만에서 ▶ 버튼을 눌렀다.

노인을 위한 성인만화를 그리고 있단다. 행복은 돈이 아니라면서 돈 될 일을 찾았다고 낄낄거리며 자랑 질이라니, 함께 느끼자며 웃으란다. 못 웃는 여자는 향기 없는 꽃! 웃는 여자는 다 예쁘다고 얼러도 꽉 막힌 수도관은 어쩔 수 없어. 그럼 못 생기고 웃지도 못하는 여자는 어쩌나 걱정이 태산이다. 대학교수를 하다가 때려치우고 기꺼이 미술학도가 되었던 펀Fun 인생, 엄마가 즐거우면 아이도 즐거운 걸

명심하란다. 공갈인가 지금 행복하지 않으면 언제 행복할거냐고, 나중은 없다고 독일제 박사는 껄. 껄. 껄. 웃었다. 사는 게 재미없는 사람은 세상이 뒤집어지기를 바란다나? 안 되니까 월드컵에 미치고 폭탄주 만들어 마시고 이 채널 저 채널 뉴스만 돌려보다가 홧김에 촛불도 든단다. 그러지 말고 주인 되어 좋아할 일을 찾아 미쳐보란다. 그게 쉽나, 정 감탄할 일 없으면 파마라도 해 보란다, 자기처럼.

얼떨결에 나도 따라 ▶ 버튼 눌러버렸다.

나 죽으면 부고 띄우지 말고 장례 치른 후 가까운 서른 명 불러 맛난 밥이나 사라고 아내에게 일렀다.

* 김정운 문화심리학자

도시의 허수아비

가을을 지키는 허수아비. 우뚝 서서 높아진 하늘을 이고 풍성한 들판을 살피는 그는 재미가 쏠쏠하겠다. 오가는 길손의 안부에 빙긋이 웃음으로 답하는 얼굴이 넉넉하게 익었다. 그래도 나는 왠지 허수아비의 눈빛이 무서웠다. 무당의 방울소리 같은 그의 음성에 가슴 졸였으며 바람결에 펄럭이는 그의 옷깃에도 놀라곤 했었으니까.

허기졌던 어린 시절, 하굣길에 친구들과 함께 누렇게 익어가는 콩을 한 아름씩 뽑아 산모퉁이 으슥한 곳에 숨어서 그을렸다. 입이 새까매진 콩서리는 더없이 고소했지만 연기에 놀라 깬 허수아비가 두 눈을 부릅떴다. 노려보는 그가 무서워 줄행랑쳤지만 걸음이 빠른 그에게 목덜미를 잡히고 말

것 같아 얼마나 가슴이 콩닥거렸는지 모른다.

추석을 맞으러 고향에 돌아온 동창들과 고향을 지키던 아이들이 떼를 지어 읍내로 가서 영화를 보고 동네로 돌아오는 밤길은 보름달처럼 흥겨웠다. 막걸리까지 한 잔 걸치고 달빛에 취한 걸음걸이는 비틀비틀. 안주 삼아 남의 밭의 무를 쑥쑥 뽑아 시퍼런 윗대가리만 먹고 허연 아랫도리를 하늘로 내던지는 난장질에 화가 난 허수아비의 표정은 귀신 같았다. 두려움을 떨치려 목청껏 불러재끼는 유행가 가락 사이로 꾹꾹거리며 터져 나오는 생트림. 그 고약한 냄새에 찡그린 그는 밉상이었다.

가을걷이 일꾼들에게 줄 새참 막걸리 주전자를 들고 가며 홀짝홀짝 마셔버리고선 논두렁에 넘어져 반이 쏟아졌다는 뻔한 거짓말을 알고 있는 그가 꺼림칙했다. 첫서리 내린 묘사 길에 새총으로 닭 잡으려다 주인집 장독을 깨고 달아난 걸 노려본 허수아비. 양지바른 언덕배기 무덤 옆에서 처녀 젖가슴을 더듬는 숫총각의 울렁임을 깨버린 그의 날카로운 방울소리가 원망스러웠다.

내 비밀을 죄다 알고 있는 허수아비. 그 시절, 내 안의 모든 반란을 눈치 챈 그였지만 소문은 만들지 않아 얼마나 다행이었는지 모른다. 아마도 허수아비는 제 양심을 내 가슴에 심었나 보다.

그 옛날 들판에 살던 허수아비가 요즈음엔 도시에까지 내려와 산다. 여전히 까칠하게. 그는 일터에서 농땡이 부리는 녀석이 없나 살피고, 남의 것을 슬쩍 챙기려는 도둑을 잡으려고 두 눈 부릅뜨고선 버스나 지하철도 타고 다닌다. 밤늦게 동동걸음으로 귀가하는 동네 처녀들 지키려 골목길도 살핀다.

모텔 방을 드나드는 기기묘묘한 인간들이 일요일엔 교회로, 절로 몰려가 더없이 거룩한 척하는 모습에 기가 막혀 말을 잃은 허수아비. 그는 점잖게 앉아 아멘을 외쳐대는 나이롱 신자를 찾아내 지옥행 옐로카드를 내보여 경고를 주는가 하면 나무관세음보살을 읊조리며 헛 염불이나 올리는 엉터리 신도를 골라 죽비를 내려치기도 한다.

그렇다고 늘 잘못만 나무라는 그가 아니다. 바쁘다는 핑계로 그냥 열심히만 사는 집집을 찾아가 온 식구를 모아놓고 먼저 인간이 되라고 일깨워주기도 한다. 돈만 많은 부자에게는 적선의 기쁨도 깨우쳐 아너 소사이어티 멤버가 되기를 권하기도 한다. 내가 하면 로맨스 남이 하면 불륜이라는 얄궂은 개인주의 유행을 따르다 흔들리는 가정을 찾아가서는 가화만사성이 제일이라고 가르치기도 한다.

현대인들의 무디어진 양심을 지키는 도시의 허수아비. 이젠 사계절을 다 살아야 하는 CCTV는 너무 바쁘다.

고슴도치 사랑

어느 대낮, 역으로 오르는 에스컬레이터 위에서 젊은 연인 한 쌍이 온몸을 찰싹 붙인 채 비비꼬아댄다. 그네들의 사랑은 아픈 이별을 위한 마지막 몸부림인지, 아님 덜 태운 욕정의 마무리이기라도 한 것인지? 훅~ 한더위보다 더한 열기가 내게로 밀려온다. 가시도 접지 않은 저리 대담한 사랑을 도대체 누가 가르쳤나.

'나무라지 말라, 우리도 그 나이 때 그러고 싶지 않았는가?'

더없이 싱싱한 청춘이었을 때, 내 마음은 심훈의 소설 '순애보'에 그려진 지고지순한 사랑에 가슴 울렁거렸다. 나 반드시 그런 아가페적인 사랑을 하겠노라 서슬이 퍼랬다. 그래서 풀잎 위 이슬 같은 소리를 가진 여자를 만나자마자 그녀를 내 성 안의 천사로 삼았다. 맑고 고운 것만 먹고 마시며 아름다운 것만 말하는…….

하지만 정작 그녀를 만나면 내 욕망은 불꽃처럼 타올랐다. 얌전한 고양이가 되어 빨리 부뚜막에 오르고 싶어 안달이 났다. 어떻게 천사를 타락시킬 것인가라는 생각에 빠져들었으니 야누스적인 내 마음을 나도 이해할 수 없었다. 허구헌날 내 사랑은 차가운 마음과 뜨거운 몸이 만들어내는 부조화 때문에 고개를 절레절레 흔들어야 했다.

욕망이 죄라면 태워버리면 승화될까? 길고 어두운 골목을 찾아들어 살며시 손을 잡았다. 그녀는 이미 젖어 있었다. 가슴은 내 가슴보다 더욱 쿵쾅거렸고 그녀의 입에서는 꿀이 흐르고 있었다. 아하, 그녀가 천사가 아니라 여자였음이 얼마나 다행이었는지 모른다. 기쁨도 잠시, 눈치 없는 여늬 집 개가 짖어대는 바람에 난 마치 도둑이라도 된 양 골목을 도망치듯 빠져나와야 했다. 엉거주춤 가시를 접은 채…….

애당초 그녀가 천사가 아니었듯이 나 또한 도둑은 아니었다. 지금까지 우리는 함께 살면서 아직도 사랑싸움을 하고 있으니까.

진즉 백과사전이라도 찾아볼 걸, 고슴도치는 가시를 접고 사랑을 나눈다고 했다.

3부

꿈꾸는 나무

가을 남자

언제부터인가 너와 나, 서로의 말이 겉돌기만 합니다.

하고 싶은 말이 있어도 삼키는 것이 나을 것 같아 그냥 웃음을 보냅니다.

답답한 마음에 문자를 보냅니다. 답이 없습니다.

안타까워 전화를 하지만 정작 할 말은 또 못합니다.

손편지라도 쓰렸더니 아껴뒀던 볼펜마저 심이 말랐습니다.

이젠 어떻게 내 마음을 나타낼 방법이 없습니다.

이 화려한 가을을 놔두고 하필이면 왜 떨어지는 낙엽의 모습을 닮으려 합니까, 그대.

무반응이 차라리 상처가 생기지 않는다고 위로하는 사람이 있어 반은 다행입니다만 말 없음이 배려라는 사람은 기어이 내 속에 불을 지릅니다.

그는 아직 외로움이라는 지독한 병을 앓아보지 않았나 봅니다.

하기야 국경일에 태극기를 달아달라고 여러 차례 방송이 있었어도 마주 보이는 25층짜리 아파트에는 겨우 한 집에만 국기가 펄럭이는데 누구를 탓하겠습니까.

어쩌면, 그 안에서는 신혼부부가 침대 위에서 스마트폰을 가지고 따로 놀고 있을지도 모릅니다.

고운 것을 보고 아름답다, 좋은 것을 보고 훌륭하다, 잘해주면 고맙다, 고통스러우면 아프다고 말하는 것이 왜 이리 힘이 듭니까?

아름다움을 표현할 길이 없어 대신 꽃을 보낼 때도 있고
마음을 설명할 언어를 찾지 못해 카드를 살 때도 있습니다.
벅찬 즐거움을 표현할 방법을 몰라 노래를 불렀습니다.

참 멋진 글로 내 마음 달래준 바닷가 어느 수필가라도 만나러 가야겠습니다.

가을, 당신은 누구입니까?

꿈꾸는 나무

새벽 바닷가 바위틈에 발가벗겨진 나무 한 그루 파도에 시달리고 있었다. 어디서 밀려왔는지, 가지에는 아직 푸른 잎사귀 몇 개 붙어 있는 참나무였다. 깡마른 게 오랫동안 신장병을 앓고 있는 친구의 모습을 닮은 것 같아 우두커니 바라보았다.

"친구야, 보고 싶다."

출근길에 받은 섬뜩한 느낌의 전화였다. 그의 음성은 절박했고, 보고 싶다는 말이 왠지 살려 달라는 애원으로 들렸다. 황급히 병실로 들어선 내게 그는 애써 반가움을 표시하려 했지만 검불 하나 잡을 힘도 없는 손은 축 늘어진 채 손가락만 까딱거리고 있었다. 동공은 이미 초점을 잃었고 혈압마저 급격하게 떨어지고 있었다. 침몰, 그는 죽음의 바다 속으로 가라앉고 있었다.

"야, 왜 이래. 정신 차려!"

담당 의사는 아침 회진 때, 그의 아내에게 아무 이유도 말해주지 않고 마지막을 준비하라고 했단다. 죄목도 없는 사형선고나 다름없었다.

그는 소박하면서도 쓰임새가 좋은 참나무 같은 친구였다. 대학을 마치자마자 유명한 페인트회사에 입사해 삼십 년 가까이 실험실에서만 근무했다. 고약한 냄새로 눈도 제대로 뜨고 있기 힘든 곳이었지만 그에게는 신명 나는 일터였다. 일ㅂ밖에 몰랐으니 임원으로 승진하는 것쯤이야 당연한 호사려니 했다. 하지만 그는 실험 중에 쓰러지고 말았다. 신장이 다 망가졌기 때문이었다. 아무래도 직업병 같았는데, 본인은 한사코 아니라고 했다. 몸은 비쩍비쩍 말라갔고 얼굴은 숯처럼 시커메졌다.

그는 결코 화려하지 않지만 참나무처럼 속이 단단한 사람이었다. 회사에서는 거의 해마다 신제품을 개발해내는 재간꾼이기도 했다. 그러고도 공로는 늘 다른 직원들에게 나눠주는 마음이 넉넉한 사나이였다. 그가 쓰러지고 화급히 신장이 필요하다는 소문이 회사에 돌았을 때 신장을 기증하겠다는 동료들이 줄을 섰었단다. 많은 돈을 들인다 해도 신장을 구하기는 무척 어려운 일이었는데, 다행히 이식수술까지 성공적으로 마쳤다. 그는 문병 오는 이들의 손을 붙잡고 새 생명을 얻었노라고 감격의 눈물을 흘렸다.

아무리 잘된 수술이었다지만, 그에게 수술 후 10여 년의 삶은 살얼음 위를 걷는 것처럼 조심스러웠으리라. 그런데 주치의로부터 마지막을 준비하라는 벼락이 떨어지고 말았다. 그의 가족들은 이대로는 떠나보낼 수 없다고 울부짖기만 할 뿐 누구도 주치의에게 왜 이렇게 되었는지 따지기는 커녕 제대로 묻지도 못했다. 사실, 그 의사는 지역에서 신장 분야의 이름난 명의로 환자나 가족들에게 절대자로 군림하고 있었기 때문이었다. 만에 하나 생길지도 모를 불이익이라도 있을까 하여 누구도 의사의 권위에 도전할 수가 없었다.

그동안은 생명의 은인이었을지 몰라도 지금은 바로 그 의사의 오만 때문에 친구는 죽음의 문턱에서 가쁜 숨을 몰아쉬고 있었다.

그가 그렇게 의미 없이 죽어가도록 내버려둘 수는 없었

다. 의사의 진료실 문을 밀치고 들어가 버럭버럭 소리부터 내질렀다.

"내 친구가 왜 이렇게 죽어야 합니까? 이유는 알아야 보내지요. 죽어가는 생명을 살리는 게 의사인데, 어제까지 멀쩡했던 사람에게 이유도 없이 임종을 준비하라니 당신이 저승사자란 말입니까?"

절박한 가장의 목숨을 놓고도 가족은 차마 대차게 나올 수 없어 누군가는 의사와 담판을 지어야 했기에 친구인 내가 대신 나섰다.

"그를 여기서 죽게 놔둘 수는 없으니, 지금 바로 병원을 옮기겠어요. 만약 그에게 불행한 일이 생기면 당신이 책임져야 합니다."

나는 단단히 못을 박아버렸다.

비수 같은 항의에 의사는 잠시 숨겨두었던 신의 손을 되찾아온 것이었을까? 정오를 넘기면서 친구의 병세는 급격히 호전되기 시작했다. 모진 가뭄에 시달리던 초목이 단비를 맞은 듯 생기가 돌았다. 그는 기적처럼 되살아났다. 의사의 처방이 달라졌던 것이었다.

언젠가 그는 내게 말했었다. 자기는 가족을 위해 참숯이 되겠노라고, 그래서 자식들에게 숯불처럼 뜨거운 열정을 물려주고 싶다고. 그래, 단단한 참나무가 불타면 참숯이 되겠지. 아무리 그래도 이렇게 떠날 수는 없지 않은가.

온몸이 찢긴 채 바닷물에 절여진 참나무에게는 결코 평화로운 바다가 아니었다. 그래도 그는 모진 밤바다를 견뎌냈다.

"친구야, 그때의 부활처럼 다시 한 번 일어서고 싶구나."

밥보다도 많은 약을 삼키면서도 그는 희망을 꿈꾸고 있었다.

옥수수

나는 푸른 강물이 흐르는 시원한 강가에 삽니다. 바람이 많긴 해도 토실토실한 땅이라 우리 살기엔 안성맞춤인데, 지나는 길손들은 어쩌다 이런 곳에 사느냐고 타박합니다. 어디 강원도 땅만 땅인가요? 대대로 이어온 기름진 밭인 데다 이른 봄부터 정성으로 삽질하고 사랑으로 호미질해 가꾼 옥토랍니다. 오매불망 주인님은 내 겨드랑이마다 알이 꽉 들어찬 결실을 꿈꾸셨으니, 난 당연히 대궁이 늘어지도록 윤기 반지르르한 옥수수를 마디마디 매달았어야지요. 헌데도 이리 허우대만 멀쑥하게 자라다니 나도 입이 바짝바짝 마릅니다.

어떤 시련을 겪더라도 하나만은 올곧게 싹이 나야 한다며, 구멍마다 씨앗 셋을 넣은 주인님이 밭을 떠나자마자 비둘기가 날아와 맨 위에 있던 아우를 물고 달아났지요. 둘째는 흔적도 없이 사라졌으니 아마도 달밤에 들쥐가 먹어치웠나 봅니다. 땅속에 홀로 남은 난 몸피가 근질거리고 세상이 궁금해 견딜 수가 없었지요. 이레 동안 덮고 있던 흙 이불 위로 새 주둥이 같은 연둣빛 머리를 삐죽이 내밀었습니다. 세상은 찬란하더군요.

봄볕과 함께 노래하고 곰살궂은 봄비와는 함께 춤을 추며 나날이 키를 키웠습니다. 따가워져가는 햇볕은 내게 빨리 자라라고 채찍질했지요. 나도 빨리 크고 싶었지만 올곧게 쑥쑥 자라기가 생각처럼 쉽겠습니까? 때때로 야속한 마음이 들 때면 소나기가 시원히 달래주어 견딜 수 있었습니다. 모든 것이 축복이었는데, 난 왜 삐딱하게 엇나가기 시작했는지 모르겠습니다. 아마도 사춘기였었나 봅니다.

바람이 좋아, 바람난 삽살개마냥 온 동네를 휘젓고 싶었지요. 키가 훤칠했던 나는 제 흥에 겨워 휘청거렸습니다. 어쩜 그리 멋지냐며, 나를 우러러 보는 선망의 눈빛에 마치 공주가 된 기분이었습니다. 아침저녁으론 새들까지 몰려와 노래를 불러댔으니 우쭐할 수밖에요. 내가 이리 어깃장을 놓을 때마다 주인님은 소원을 하나씩 들어주며 곁에 얌전히 붙들어두려 했지만 나 또한 호락호락하지 않았답니다. 툭하면 허리를 꺾을 듯이 흔들거렸으니까요. 바람에 달뜬 나는 훌러덩 어른이 되고 싶은 마음뿐이었습니다.

꼭꼭 숨겨놓은 내 본심을 알아챈 바람이 기어이 나를 어른으로 만들고 말았습니다. 바람이 불 때마다 요동치는 저릿저릿한 쾌감을 꽃으로 피워 올렸지요. 미치도록 좋았는데, 어찌 가만있을 수 있었겠습니까? 온 동네 벌과 나비들을 불러 모아 잔치판을 벌였지요. 아니, 그들이 내게 다 몰려들었답니다. 덩달아 옆집 감자도 달뜨고, 뒷집 콩도 몸을 가누지 못해 비비댔지요. 달밤의 보리밭에서는 선남선녀들의 분탕질까지 어우러지고 말았습니다.

바람난 들판. 그렇게 날마다 쾌락에 몸을 떨면서 어김없는 여름을 맞았는데, 왠지 내 몸은 욱신거렸습니다. 대궁도 잎도 겉은 멀쩡했지만 수염을 벗기자 내 속은 새까맣게 타들어가고 있었습니다. 알맹이는 간데없고 텅 빈 껍질뿐인 깜부기병이라 했습니다. 내가 이리 엉터리로 자라자, 주인님은 내게 질소비료를 마구 퍼먹이며 가슴을 쳤습니다. 빨리 수확이라도 해 보려는 마음이 어찌 잘못이겠습니까? 바람에 마구 몸을 궁굴린 내가 천벌을 받아야지요. 더러운 씨

앗으로 대를 잇지 못하도록 당장 허리라도 꺾겠습니다.

바람이 키운 시인도 있다지만, 나를 망친 건 바람이었습니다. 감각이 전부가 아니란 걸, 차분한 이성의 세상도 있다는 걸 왜 제게 가르쳐주지 않았습니까? 그러면 안 된다고, 매섭게 매질이라도 하셨더라면 차근차근 속을 채워갔을지 누가 아나요. 두렵고 초조한 마음을 달래려 친구들과 부비대가며 수다를 떨어보지만 세상은 너무 야박했습니다. 정말 중요한 세상살이는 아무도 가르쳐주지 않았으니까요.

결혼식장에는 키가 훤칠한 아가씨들이 예식도우미로 일하고 있었다. 그들은 허우대만 멀쑥한 옥수수를 닮아 있었다. 시원한 외모와 쭉쭉 빠진 몸매, 귀티 나는 매무새로 보아 그런 허드렛일을 할 아이들이 아니었다. 결코.

결혼자격 시험*

결혼은 어렵고 이혼은 쉬운 묘한 세상이다. 사랑하는 사람을 만났다는 것은 축복이요, 생명을 만들고 마음도 자라게 하는 가정을 탄생시키는 결혼은 누구에게나 인생 최대의 축제다. 그래서 그런지 결혼식은 점점 화려해진다.

연락이 뜸하던 사람이 찾아와 주례를 요청해오면 선뜻 받기도 그렇고 거절하기도 곤란해 당혹스럽다. 어느 유명인사에게서 배운 대로 "내가 주례한 커플은 이혼을 잘하더라." 하면 기겁을 하며 돌아가는 사람이 절반이다. 아무리 이혼이 흔해졌다 해도 주례한 가정이 깨졌다는 소리를 들으면 마치 내가 죄인이 된 것 같아 허탈해진다. 그래서 결혼 자격 시험을 치러 합격하면 주례를 맡겠다고 역제안을 한다.

그래도 좋다는 커플들과는 한판 대결을 벌여야 한다. 사랑하기 때문에 결혼한다는 커플에게 지금 장작불 같은 뜨거운 사랑이 사그라지면 어떻게 하겠느냐고 묻는다. 자신들은 아주 특별한 사랑이라서 늘 뜨거울 것이니 믿어 달라고 한다. 당연하지, 그러나 아는 것이 전부가 아니라고 단단히 못을 박아놓고 다음 과제를 준다.

'화성에서 온 남자 금성에서 온 여자'라는 책을 읽고 신부는 남자에 관해, 신랑은 여자에 대해 보고서를 써 오라 한다. 책에서는 남자는 이성이 발달한 존재라 능력에 목숨을 걸고 여자는 감성이 충일해서 사랑 때문에 산다고 했다.

남자와 여자는 몸의 구조만 다른 것이 아니라 마음의 구조도 다르기 마련. 헌데도 같기를 바라면서, 많은 부부들이 다르기 때문에 싸우고 다르기 때문에 헤어지기도 한다. 진정한 행복을 챙기고 싶은 커플들은 어려운 숙제도 잘한다.

살아보니 사랑만으로 행복한 가정이 되는 것이 아니고 자녀가 생겼다고 자동으로 부모가 되는 것 또한 아니었다. 사랑하는 방법이 옳아야 했다. 겉보기는 멀쩡해도 자녀 때문에 고민하는 부모가 의외로 많다. 아이들에게는 따듯한 관심과 배려가 물 흐르듯 흘러야 하는데 안타깝게도 가정에까지 잘못된 이기주의가 탁류로 밀려들고 있다.

부부가 될 그들에게 새로운 가정의 꿈, 어떤 가정으로 가꿔갈 것인지 구체적으로 그려오라 한다. 목표가 생생하면 덜 흔들리기 마련이니까. 결혼식 날 신랑, 신부는 예식장의 천편일률적인 혼인서약서 대신 그들이 손수 작성한 결혼생활의 꿈을 하객들에게 직접 낭독하게 한다. 매일 아침밥을 해주겠다는 신부의 당당한 포부에 폭소가 터지기도 한다.

뜻깊은 결혼식이었노라고, 서로에게 강한 책임이 생겨 좋았단다. 사실, 내가 생각해도 까다롭기는 하다. 하지만 어떤 경우라도 가정만은 깨지 말았으면 하는 마음에서다. 통과의례적인 결혼식이 아닌, 부모보다는 신랑 신부가 주인공이 되는 결혼식. 이미 모든 것을 그들 스스로 익히고 밝혔는데 무슨 주례사가 더 필요하겠는가? 순도 100%짜리 행복한 가정을 위해 주춧돌 하나 놓아줄 뿐이다.

절 받는 친구

땡 여름, 쨍쨍한 햇볕 아래 중늙은이들이 우르르 몰려와 잔디가 잘 다듬어진 묘소 앞에서 쭈뼛거린다. 엉거주춤하게 술잔을 올리고 절을 한다. 어흠 어흠, 뭔가 계면쩍기라도 했는지 헛기침도 섞였다.

"벌써 십 년이 흘렀구나. 그때는 하늘도 서러웠던지 암팡지게 비가 쏟아지더니만 오늘은 와 이리 덥노?"

모두가 손수건을 꺼내 송골송골 이마에 솟은 땀을 닦는다. 몇몇은 눈물도 함께 닦는다. 우정은 산길과 같아서 자주 다니지 않으면 도로 숲이 된다고 했는데, 십 년 세월이 지났어도 그대의 생시 모습이 어제처럼 생생한 건 어인 일인가.

오뉴월 열기에 논바닥마저 쩍쩍 갈라져버린 바싹 마른 한여름, 청도에 있는 그의 고향 집엘 갔었다. 우리 둘은 밤이 되자 더위를 피해 막걸리 주전자를 들고 옥상으로 올라갔다. 꿈이 많았던 학창시절이었다. 푸르른 청년답게 우리는 별이 되겠다는 다부진 마음으로 그의 꿈은 내 가슴에, 내 꿈은 그의 가슴에 심다가 잠이 들었다. 혼곤한 잠결에 몸이 젖어왔다. 소나기가 야무지게 쏟아졌기 때문이었다. 젖은 옷에 몸은 질척거렸어도, 가뭄 끝에 단비처럼 우리들의 꿈도 그리 시원하게 이뤄졌으면 하는 마음이었다.

그의 얼굴은 토목 엔지니어답게 건강한 구릿빛이었다. 큰 얼굴에 유난히 눈, 코, 입이 커서 이목구비가 뚜렷하다. 선이 굵은 그가 한여름에 차가운 돌이라도 베고 잤었는지, 왼쪽 입 꼬리가 조금 처진 게 흠이라면 흠이었다. 하지만 그 모습에 웃음이 얹어지면 삐딱한 실룩거림, 백만불짜리 미소로 피어났다. 파격의 미美? 그는 표정에서뿐 아니라 말에서도 격식을 깨는 매력이 흘러넘쳤다.

"차린 것도 없으면서 공연히 바쁜 사람을 오라 가라 한다."

친구 자녀의 돌잔치에 초대받아 풍성한 저녁 얻어먹고, 잘 먹었다는 인사가 그랬다. 삐딱한 입에서 튕겨져 나온 어굿난 말인데도 밉지가 않았다. 조금은 헐렁하고 모자란 듯해서 오히려 모두가 그를 좋아했다. 옛 속담에 어수룩해 보이는 구석에 사람 모인다더니만 바로 그가 그랬다.

숱한 사람들이 서울로, 서울로 향하던 개발시대. 객지에서 월급쟁이로 첫 집을 샀지만 막상 이사를 하고 보니 마당은 손바닥만 했고 그마저 시멘트로 덮여 있었다. 잔디와 나무 그리고 꽃이 있는 정원을 만들고 싶었다. 다섯 명의 인부들이 사흘 동안 일했어도 별 진척이 안 보여 도대체 뭘 하고 있느냐며 심하게 나무랐더니 일하던 인부들이 시큰둥해져 버렸다. 당황스러워진 나는 건설회사에 근무하는 그에게 도움을 청했다. 그는 막걸리를 사들고 대문을 들어서며 소리쳤다.

"보소, 아제들. 집주인 임마 이거 젊은놈이 형편없지요? 뭘 모르면 입이라도 다물어야지."

그는 인부들을 다독였고 나에겐 큰소리로 타일렀다. 일이 어찌 곧이곧대로 되느냐며, 특히 현장 사람들은 부드럽게 다루어야 한다고 했다. 친구 덕분에 아침저녁으로 벌과 나비, 새까지 날아드는 그림 같은 집으로 만들 수 있었다.

그는 무장해제의 명수라 비밀을 털어놓게 만드는 묘한 재주도 가졌다. 집값이 얼마나 올랐는지도 미리 알았고, 회사에서 승진이 내정된 사실을 꼭꼭 숨겨둬도 기어이 알아차리고는 술 한잔 사라고 보챘다.

"야, 오늘 우리 막걸리 한잔하자."

누군가에게 어려운 일이 생긴 걸 재빨리 눈치채고는 친구들을 불러 모았다. 마치 형이라도 된 것처럼, 사연을 끝까지 들어주고 등을 토닥여주곤 했다. 자석처럼 끌어당기는데 뉘 끌려들지 않았을까? 먼저 베풀기를 좋아했고, 가리는 것 없이 솔직했던 그는 언제나 풋풋했다. 어쩌다 고마움이라도 나타내려면 펄쩍 뛰며 손사래를 쳤다. '야 임마, 우리는 친구 아이가' 그야말로 진정한 친구였다.

결혼이 가장 늦었던 그가 총각 주제에 남의 부부싸움에도 곧잘 뛰어들어 좌충우돌해가며 화해시키곤 했다. 그는 친구 아내의 속옷 색깔도 귀신처럼(?) 알고 있었다. 친구들이 이사할 때마다 그 집의 서랍장을 도맡아 날라주었기 때문이었다. 그런 그가 고기가 먹고 싶으면 짓궂게도 그 집 안주인의 팬티 색깔을 폭로하겠다고 으름장을 놓기도 했다.

누구보다 긍정적이고 낙천적이었던 그에게 췌장암 선고가 떨어지다니, 벌건 대낮에 날벼락이었다. 하늘나라에 급한 토목공사가 생긴 것일까, 아니면 하느님이 인사참모라도 급히 필요했을까? 힘겹게 투병하던 막바지엔 가까운 친구들의 문병도 거절했다. 아마도 싱싱했던 이미지를 끝까지 지켜내고 싶은 마음이었으리라.

그의 마지막은 장엄했다. 체온이 급히 오르고 숨이 가빠져 간호사가 산소마스크를 붙이려 하자 '이걸 써서 내 병이 근본적으로 나아질 수 있나? 아니라면 떼라.' 유난히 인간적이었던 그가 어찌 그리 매정하게 떠났는지 모르겠다. 누구보다도 열심히 살았으니 누리고 싶지는 않았을까? 더 이루고 싶은 것도 많았을 텐데…….

그와의 이별이 얼마나 서러웠던지 장례를 치르는 사흘 내내 폭우가 쏟아졌었다.

타인춘풍 자기추상他人春風 自己秋霜. 그는 남들에게는 봄날처럼 따듯이 대했고 자신에게는 엄격한 삶을 살았으니, 친구들로부터 절 받을 자격이 충분했다.

"야야야, 빨리 가자, 떠날 때는 퍼뜩퍼뜩."

헤어질 때마다 그가 했던 소리, 산소를 돌아 나오는데 그의 음성이 낭랑하게 들려왔다. 환갑도 넘기지 못한 인생길을 그리 서둘러 떠날 줄이야. 보고 싶구나, 친구야!

그가 닦은 우정의 산길엔 들꽃들이 활짝 피어있었다.

가시

별처럼 반짝이던 세월, 날이면 날마다 어깨춤이 나올 만큼 신명나는 출근길이었다. 활기찬 아침의 일원이 되었다는 즐거움은 한 시간 넘게 시달려야 하는 만원 버스의 부대낌이야 양념쯤으로 여겨졌다. 커피 향 넘치는 아침 미팅을 생각하면 회사로 향하는 발길은 일렁이는 물결처럼 생기로 넘실거렸다.

좋은 일에는 마가 끼인다더니만 기쁨은 잠시, 가시에 호되게 찔리고 말았다. 오랜 세월이 흘렀어도 잊히기는커녕 금방 생긴 생채기처럼 아픈 건 왜일까?

우리 부서에서는 매일 아침 일과가 시작되기 전 간부들이 모이는 아침 미팅이 있었다. 유난히 서울다움을 따지던

회사 사람들 틈에서 억센 경상도 억양 때문에 촌놈 티를 벗어나지 못했던 나, 대리로 승진한 것이 대견스러웠다. 간부들만 참석할 수 있는 미팅에서는 전날에 있었던 주요 업무처리 사항과 오늘 해야 할 일들에 대해서 의견을 수합하고 선 중요한 시사문제나 시중에서 화제가 된 사건들에 대해 이러쿵저러쿵 이야기를 나누는 것으로 끝나곤 했다.

그날은 모든 신문 방송이 희대의 살인마 전○○이 잡혔다고 난리법석이었다. 그는 전국을 떠돌아다니며 열 명도 넘는 선량한 사람들, 아무런 이해관계도 없는 아베크족을 도끼로 살해한 흉악범이었다. 사건의 원인이 치정에 얽힌 여자관계였다고 경찰이 밝히자 사람들은 혀를 찼다.

"세상에 조강지처 버리고 잘되는 놈 없더라."

나는 의분에 넘친 결론을 맺으며 자리에서 일어섰다. 정확히 말하면 일어서려다 말고 엉거주춤 멈췄다. 조강지처라는 말이 튀어나오는 순간, 손으로 입을 틀어막았으나 이미 고장 난 입에서는 말이 멈춰지지 않았다. 천 길 낭떠러지로 떨어지는 것처럼 아득했다. 낭패, 낭패, 이런 낭패가 있나. 미팅을 주재한 부장이 조강지처를 버리고 젊은 타이피스트와 이중생활을 하고 있다는 사실은 우리들 사이에서는 공공연한 비밀이었기 때문이다. 분위기는 순식간에 싸늘하게 돌

변해 버렸다.

'아이고 요놈의 주둥아리, 건방지게 왜 내가 마무리에 나섰단 말인가?' 아무리 후회한들 이미 쏟아진 물은 탁류가 되어 무겁게 흐르고 있었다. 난 그날 이후로 매일 아침을 지옥에서 시작해야 했다. 내가 올린 결재서류는 모두 거부되었고 부장에게 사사건건 불려 다니며 질책을 받아야 했다. 하늘의 별은 모조리 별똥별이 되어 쏟아져 내려 내 신세는 졸지에 암흑천지로 변했다.

몸은 정상을 잃어, 부장의 발자국 소리에도 심장이 덜컹 내려앉아 피가 멎는 듯 갑갑해졌다. 일도 사람도 모두 싫어졌다. 무서웠다. 무거운 산이 어찌 떠나랴, 가벼운 중이 떠나야 한다는 새김으로 사표를 써서 주머니에 넣고 다녔다. 여차하면 내던질 참이었지만 그럴 만한 용기도 없는 나날이었다. 안방 문을 걸어 잠그고 이불을 뒤집어 쓴 채 통곡을 해도 답은 없었다. 내가 명백한 실수를 저질렀지만 보복의 비수는 너무 노골적이고 날카로웠다.

"그 사람의 마음에 들려고 의식적으로 애쓰지 마세요. 시간이 가면 나아질 겁니다."

정신과 의사의 처방은 공허했다. 간단한 말 한마디가 준 고통치고는 너무나 참담했다. 잘못했노라고, 고개 숙여 용서를 구했으나 상대는 더 냉혹했다. 드디어 나는 다른 부서로 방출되었고 그 부장은 전무까지 승승장구하면서 진급심사 때마다 나의 승진을 가로막으려 애썼다. 참을 수 있는 임계점을 넘어서자, 나도 지지 않으려 몸부림쳤다. 우리들의 악연은 그가 퇴임할 때까지 계속되었다. 아니, 이후에도 서로를 용서할 수 없는 분노로 이글거렸다.

갈등은 많은 시간이 지나야 해결된다는 의사의 말대로, 이십여 년이 지나서 겨우 기회가 열렸다. '상처는 일방적으로 생기는 것이 아니라 서로 주고받는 것'이라는 한 원로 신부님과의 면담에서 희망을 찾았다. 당신이 용서받기보다 그를 먼저 용서해보라는 말씀이 전광석화처럼 내 머리를 밝혔기 때문이었다. 용기를 내어 그분께 용서를 구하는 편지를 썼다. 내 마음은 한결 가벼워졌으나 화해의 답은 돌아오지 않았다. 언감생심, 어찌 봄날을 바라랴만 먹구름이라도 걷혔으면 하는 바람이었는데, 옹졸한 세월 끝에 날아든 건 그분의 부고였다.

나 스스로 만든 가시에 찔려 너무도 오랫동안 허덕였다. 안타깝게도 명복이나 빌어야 했으니, 그놈의 가시를 진작 뽑을 줄은 왜 몰랐을까?

냉면

점심시간의 냉면집은 손님으로 넘쳐난다. 제비 새끼들이 어미에게서 먹이를 받아먹듯, 사람들은 입을 짝짝 벌려 냉면을 빨아들인다. 먹고 나면 후회 많은 음식이라는데도 내 입안에서는 자꾸만 침이 고인다.

냉면. 정작 받아놓고 보니 소문대로 양이 적다. 면은 몇 번 당기지도 않았는데 다 사라지고 없으니 아쉬움을 달래려 육수를 훌훌 마신다. 어차피 적게 줄 마음이었으면서 대접은 왜 이리 큰지, 당치도 않게 물배라도 채우라는 것인가?

연탄 배달과 국수 장사로도 끼니를 걱정해야 했던 시절

에는 오로지 먹는 것만 눈에 어른거렸다. 그럴수록 배는 더 고팠다. 누군가의 따듯한 밥 한 그릇에 눈물이 핑 돌았으니 배만 허기진 것이 아니었던가 보다. 엎친 데 덮친 격으로 폐병까지 들다니, 병든 폐를 고치기 위해 위를 고장 낼 수는 없어 맹물로 속을 채우고 약을 삼켰다. 끼니마다 냉면 사발만한 바가지 물을 벌컥벌컥 마시며 시퍼런 청춘을 지켜내야 했다. 아마도 반은 눈물이었으리라.

양이 적은 냉면. 그런데도 가격은 옹차게 비싸다. 반만 먹고 온돈 준 기분이랄까, 식당 문을 나서니 돈을 털린 듯 허탈하다. 반찬이라곤 정성 없이 절인 무와 오이만 달랑 내놓고 싱글벙글하는 식당 주인을 보자니 저 혼자만 잇속을 챙기는 것 같아 배알이 틀린다.

직장생활을 시작한 지 몇 해 지나지 않아, 애오라지 내 돈은 집값의 반의반도 안 되는데 갈현동에 있는 국민주택을 샀다. 낡은 집이었지만 콧노래를 흥얼거렸다. 부동산 광풍이 불던 때라 나날이 진수성찬으로 배가 부른 기분이었기 때문이었다. 복덕방에서 언덕 위의 그림 같은 집이 싸게 나왔다고 꼬드겼다. 욕심은 하늘을 찌르고 있었고 이미 부자가 되는 기술도 익힌 터라 빚에 빚을 더하여 그 큰 집을 사버렸다. 이사한 다음날부터 허풍쟁이 부자는 매일 밤 자정을 넘겨 아랫동네로 물 길러 다녀야 했다. 어느 날 공동 수돗가 얼음판 위를 설설 기다가 쫄딱 미끄러지고 보니, 알거지가 되어 있었다. 월급은 몽땅 이자로 갖다 바치고 내 밥상에는 달랑 김치 한 조각만 올라 있었다.

양이 적고, 값이 비싼 냉면. 먹고 나서 두어 시간도 지나지 않았는데 배가 출출해진다. 본전 생각이 간절하다. 아무리 건강에 좋고 소화가 잘되는 메밀을 재료로 썼다지만 이렇게 근기가 없다니, 거기다 땡볕에 줄을 서서 기다리기까지 해서 먹은 음식이지 않는가. 단단히 속은 기분이다.

서울은 찬란하면서도 복잡했고, 겉은 매끄러우면서도 속은 까다로워 조건이 많은 도시였다. 연고가 없는 객지 생활에는 마음을 기댈 확실한 언덕이 필요했지만 외톨이였다. 일은 미친 듯이, 모든 사람들에게는 살갑게 대하느라 자존심도 버려야 했다. 유난히 제 잘났다고 떠드는 사람들이 많이 모인 회사라서 그렇게라도 살아남아야 했다. 과분하게도 회사는 내가 한 노력보다 더 크게 인정해주어 주주총회에서 임원으로 선임되는 영광도 주었다. 더없는 축복으로 여겼어야 했는데 여전히 배가 출출했던지 일 욕심이 과했던가 보았다. 빨리 맺은 열매가 빨리 떨어진다더니만 쉰을 겨우 넘긴 나이에 자리를 잃고 말았다. 차라리 가늘고 길게 사는 게 나을 뻔했다는 비아냥거리는 소리가 속을 들쑤셨다.

양이 적고, 값이 비싸며, 배가 빨리 꺼지는 냉면. 허세 부리는 사람이 좋아하기 딱 맞을 허풍 많은 음식이다. 그걸 즐겨 먹었으니 나는 영락없는 허풍쟁이였다.

아주 옛날, 할머니는 어린 내게 '쯧쯧, 아이고 저 가똑똑이'라며 나무라셨다. 그러나 손자가 무엇이 모자랐는지는 끝내 가르쳐주지 않고 돌아가셨다. 그 자리에서 이유를 캐묻지도 않았으니, 내 실속 없는 행동은 이미 그때부터 싹이 터서 자라고 있었는지도 모른다. 이제 와 생각하니, 제발 실속 좀 있으라는 말씀이었지 싶다.

"이 가똑똑아, 먹으면 돌아서서 후회할 냉면을 왜 또 먹으러 왔느냐?"

할머니의 나무람이 귓전을 때려도 난 여전히 냉면을 기다리고 앉았다.

돈에다 눈을 달았으면

제 잘난 맛에 사는 세상 속에서 나도 제법 스마트한 사람인 줄 알았다. 나름, 때와 자리에 따라 예의를 차릴 줄도 알고 크게 베풀지는 못했지만 최소한의 인간 도리는 하며 산다고 생각했었다. 그러나 큰 착각이었다. 더더욱 나는 자신을 황홀하게 바라보는 나르시시스트가 아니라고 확신하고 있었기에 충격은 컸다.

"당신 왜 우리 아이 결혼식에 오지 않았어요?"

얼마 전 한 지인으로부터 공개적인 자리에서 이 같은 면박을 당했기 때문이었다. 순간, 낭떠러지로 굴러 떨어지는 것 같은 기분이었다. 그가 황당한 건지, 내가 당황스러운 것인지 혼란스러워 아무 대꾸도 할 수 없었다. 한 톨이나마 남은 체면이 얼굴을 화끈거리게 만들었다.

단발의 특강을 요청하는 회사가 더러 있다. 그럴 때면 강의 전, 의례적으로 회사 사장실에서 차를 나누며 임원들과 명함을 주고받곤 한다. 그렇게 인사를 나눈 어느 회사의 한 임원이 자녀 결혼청첩장을 보내왔다. 달리 개인적인 친분이 있는 것도 아니면서 그가 보낸 청첩이 다소 무례라는 생각에 그냥 흘려버렸다. 아무튼 내 경솔한 생각이 화를 불렀다. 아마도 그는 '갑'으로서, 나를 자기 회사에 출입하는 업자쯤으로 여겼거나 아니면 내 강의의 주제가 '인간관계'였으니 제법 오지랖이 넓은 인간일 것이라고 기대했던 모양이었다.

40년을 훌쩍 넘긴 친구들 모임이 있다. 묵은 장맛이 제맛이듯 오래된 친구를 만나면 마음이 편해서 좋다. 모이기만 하면 젊었던 그 시절로 정확하게 회귀, 자동으로 그때의 망나니로 돌아가곤 했다. 행동은 오히려 거칠거칠해야 맛이 나고 옛날의 그 욕지거리들이 오갈수록 정은 더 깊어지기 마련이었다. 그리고 우리는 영원히 청춘일 줄 알았다.

그런데 몇 년 전, 한 친구가 암으로 세상을 떠나면서 우정에 금이 가기 시작했다. 회칙에 부모의 흉사나 자녀의 길사에는 일정액의 부조금을 정하고 있었으나 정작 본인 사망의 경우는 정한 것이 없었기 때문이었다. 조의금을 회비에서 지출하자는 의견과 별도로 갹출하자는 주장이 첨예하게 대립했다. 질러가나 둘러가나 서울 가기는 마찬가지인데, 안주 거리도 안 되는 일로 친구의 주검 앞에서 추한 싸움질이었다. 아무리 평상심을 잃었다 하더라도 죽은 그가 이리 볼썽사나운 꼴을 보곤 관을 박차고 나올까 두려웠다.

이처럼 돈에 대한 생각이 극명하게 다름으로 인해 논란거리는 계속 생겨났다. 자녀 둘을 가진 친구들이 자녀 셋 둔 사람은 혼사 축의금을 한 번 더 받게 되니, 특혜라며 이견을 달자 도타웠던 우정이 서먹해지기 시작했다. 공평성의 원리에는 맞는 말이지만 축의금 일 인분 더 받으려고 아이 더 낳지 않았다는 항변도 틀린 말은 아니기 때문이었다. 이젠 회의 공식 부조금과는 별도로 각자의 친소에 따라 오갔던 개인부조의 과다 때문에도 벽이 생기고 말았다. 역시 돈은 마물이었다.

아주 옛날, 마을을 사이에 두고 김 첨지와 박 첨지가 살았다고 한다. 그들은 가난한 선비들로 오랫동안 학문과 우정을 나누는 절친한 친구 사이였다. 김 첨지가 딸의 혼례를 치르게 되어 박 첨지에게 청첩을 하였다. 하지만 호구지책도 힘든 그는 부좃돈 때문에 큰 고민이 되었다. 박 첨지는 며칠을 궁리한 끝에 정성스럽게 축의금 봉투를 만들어 잔칫집으로 향했다.

'축의. 일금 세 냥. 단, 외상. 박 첨지'

외상 축의금을 받은 김 첨지는 친구의 예지에 탄복하지 않을 수 없었다. 곧이어 박 첨지의 아들이 장가들게 되어 김 첨지에게 청첩을 하였고, 그는 스스럼없이 잔칫집으로 내달았다.

'축의. 일금 다섯 냥. 단, 세 냥은 외상변제, 두 냥은 외상. 김 첨지'

두 선비는 얼싸안고 눈물이 나도록 웃었다는 이야기가 있다. 그림처럼 아름다운 우정이다.

순수를 잃고, 자본주의가 천박하게 들이닥친 지금은 돈이 액면가 이상의 위력을 발휘하는 기이한 세상이 되었다. 과연 돈은 마물인가? 한 인간을 졸지에 형편없는 짐승으로 추락시키는가 하면 해묵은 우정도 깨버리니 어이가 없다. 나는 아직도 돈 쓰기에 어둔하니 차라리 돈에 눈을 달았으면 좋겠다.

부메랑

어디를 가나 변화 때문에 난리다. 남의 사생활을 깊숙이 들여다 볼 수 없으니 무엇을 달리해야 하며 어떻게, 어디까지 변해야 하는지가 늘 궁금하다.

어느 재벌 총수는 '마누라와 자식을 빼고는 다 바꾸라'는 말로 세상을 떠들썩하게 만들었지만 어쩌면 그는 부인까지도 바꾸고 싶었는지 모른다. 아내의 마음을 바꿔보려고 안달하다가 오히려 봉변당하는 수가 더 많은 내 경우로 보아 그도 그렇지 않을까 싶어서다.

사실, 개발시대를 살아 온 남편들은 가정경제를 책임지기 위해 새벽부터 밤늦게까지 일에만 매진한 죄(?)와 자녀를 키우고 가정을 꾸리는 것은 아내의 몫으로 넘긴 잘못 뿐이다. 솔직히 고백하면 술 먹고 비틀거린 죄도 더러 있기는 하지만 지금은 그런 죄 값에 비해 너무 큰 형벌을 받고 있는 것 같다.

이 땅의 아내들은 조선시대 오백년 동안 쌓인 한을 일시에 다 풀어내기라도 하려는지, 그들의 권리주장은 홍수처럼 쏟아진다. 갑자기 불어난 물에 어찌 가정이 온전하겠는가? 살아갈수록 서로 상대에게 편안해져야 할 부부가 이러한 역할충돌 때문에 겪는 고통이 이만저만이 아니다. 살아온 세월만큼 고집이 굳어져 굽힐 줄 모르니 마찰음 또한 요란하다. 안타깝게도 가정이 깨지는 소리도 이곳저곳에서 들려온다.

젊은 시절, 멸사봉공의 정신으로 미친 듯 일만 했다는 자부심 가득한 친구들 중에 누구는 아내에게 고분고분해져서 대접받으며 살고 아무개는 옛날처럼 큰소리치다가 밥도 제대로 못 얻어먹는다는 소리도 들린다. 더럭 겁이 나 나도 새 사람이 되기로 크게 마음먹어보지만 실행은 사흘을 이어가기가 어렵다. 생각 따로 몸 따로, 억지로 하려니 마치 로봇처럼 뻣뻣하기만 하다.

내 사정이야 어떠하든 세상은 무서운 속도로 변해 가고

있다. 집집마다 전기밥솥, 냉장고, 세탁기, 청소기, 전자레인지, 온수보일러, 에어컨 등 생활의 이기들이 집집마다 봇물처럼 쏟아져 들어와 살림살이는 한결 편해졌다. 이런 전자기기가 사물인터넷과 결합하여 우리들의 삶을 송두리째 바꿔가고 있다. 불 켜라하면 불을 켜주고, TV를 향해 영화가 보고 싶다고 말하면 원하는 영화를 찾아서 틀어주고 궁금한 날씨도 알려주는 등 주인의 지시를 받은 인공지능AI은 무슨 일이든 척척해낸다.

지능형 로봇은 사람들과 대화하며 상황에 따라 적절한 표정도 짓는다. 장차 이런 로봇의 골격 위에 피부가 입혀지면 인조인간도 탄생하게 될 것이다. 부드럽고 체온까지 느낄 수 있는 로봇여자가 안방까지 차지하면 어쩌나?

뿐이랴, 일터에서는 자동화, 전산화가 수십, 수백 명이 하던 일을 마구잡이로 빼앗아가고 있다. 로봇이 병원에서는 의사를 대신해 정교한 수술도 하고, 이제 곧 로봇농부는 공장처럼 생긴 농장에서 온갖 채소를 사철 풍성하게 수확하게 될 것이다. 로봇이 군인을 대신해 나라도 지켜줄 것이니 청년들은 군대에 가지 않기 위해 일부러 어깨를 탈골하지 않아도 된다.

이렇게 온갖 편리를 만들어낸 남자들, 그들은 다 어디로

간 것일까? 집에서는 자리를 잃고 일터에서는 기계와 로봇에 밀려나고 말았다.

절이나 교회야 의당당 여자들이 넘쳐났지만 요즘엔 어딜 가나 여자들 천지다. 남자들 차지였던 산에도 산처럼 쌓인 스트레스를 풀어야 한다고 알록달록 차려입은 여자들이 줄을 잇는다. 노래교실은 온통 여자들 판이요, 집안일을 전자 가정부에 넘겨버린 주부들은 소문난 맛 집마다, 분위기 좋은 카페마다 점령군처럼 몰려 앉아 수다 떨기에 여념이 없다. 벌건 대낮에, 제발 남편 잡을 궁리만은 말았으면 좋겠는데 왠지 불길한 예감을 떨칠 수가 없다.

남성권리회복위원회라도 만들어야 하나? 머리에 붉은 띠를 메고 불끈 쥔 두 주먹 허공을 향해 힘차게 들어올리며 '결・사・반・대'를 외치고 싶다. 부메랑 맞은 불쌍한 남편들

은행나무

아파트 단지 앞, 폐허처럼 버려진 공장 터에 오래된 은행나무 한 그루 외로이 산다. 그는 정성이 들어간 밥 한 그릇 제대로 못 얻어먹었는지 비쩍 마르고 푼수 없이 키가 커 미루나무처럼 생겼다. 누가 머리손질이라도 한 번 시켜줬으면 저리 서글프지는 않을 텐데 못생겨도 너무 못생겼다. 그는 고약한 돌림병에도 약 한 첩 못 얻어먹었는지 지지리도 서러운 표정이다.

그래도 타고난 강골인가, 큰 태풍에도 가지 하나 상하는 일 없고 가로수로 심겨진 형제들보다 봄맞이도 빠르고 가을 채비는 더 명쾌하다. 결코 구질구질하지 않고 의연하게 살겠다는 의지도 번득인다. 이런 단아한 행신을 보면 훌륭한 혈통이기는 한데, 돌봐주는 이 없으니 혹 서출이기라도 한 걸까?

하지만 한 톨 가식없이 솔직하게 살아가는 그가 부럽다. 봄엔 여린 연둣빛이 겨우내 죽었던 가지를 기적같이 살려내더니 여름에는 더위를 제압하는 싱싱한 초록으로 서로에게 그늘이 되어 시원시원 살아간다. 가을이 오자마자 재빠르게 샛노란 옷으로 갈아입고는 지나는 길손에게 감상 젖은 노래를 시키다가 때론 시인을 불러 시를 읊게 하는 멋도 부린다. 달빛 아래 온몸을 노랗게 물들이려 밤잠을 설치다가도 첫 추위 찬바람이 부는 날에는 주르르 옷을 벗어 알몸이 되고 만다. 한 줌 부끄러움도 없고 터럭 같은 미련도 없이…….

화끈한 조락, 그가 모든 걸 쏟아버리고 떠나는 날. 날더러 함께 가자할까 봐 난 가슴이 철렁 내려앉았다. 이리 감추고 저리 속인 것이 많은 나는 도저히 홀랑 벗을 용기가 없다.

작년 이맘때, 난 흔쾌히 떠나는 그대를 닮아 보겠노라고 맹세했었지. 하지만 버리기는커녕 일 년 내내 채우기 위해 버둥거렸으니, 이 부끄러움을 어찌 해야 하나?

4부

길을 묻다

빨간 발레리나

나는 언제나 빨간 발레복을 입고 지하철에서 산다. 무대에 선 발레리나처럼 날씬한 허리도 아니면서 깨끔발로 서 있어야 하는 팔자가 너무 고달퍼. 한가한 대낮 빈자리가 수두룩해도 앉을 수가 없다. 마음씨 좋아 보이는 사람들에게 애절한 눈빛을 보내보지만 모두가 애써 모른 척 고개를 돌려버린다. 화냥기라도 비쳤나? 성 추행범은 온통 남자들인데 왜 나만 옴짝달싹 못 하도록 작은 독방에 갇혀 있는지 모르겠다. 한 남자를 뜨겁게 사랑했을 뿐인데, 그게 그리 큰 죄였나?

러시아워는 지났지만 차 안은 여전히 붐비는 시간, 내 뒤에서 무언가 스멀스멀한 느낌이었다. 뭔 일이야? 한 남자가 나를 빤히 쳐다보다가 막상 나와 눈이 마주치자 황급히 눈빛을 거두더니만 서둘러 앞 칸으로 건너 가 버렸다.

'누구더라?' 나도 사람들을 밀치며 얼른 따라가고 싶었다. 퍼뜩 짚이는 감은 있었지만 너무 많은 세월이 흘러 그의 모습이 아슴푸레했다. 선뜻 확신은 서지 않았지만 황급히 나를 피하는 걸로 보아 어쩌면 내 예감이 맞을지도 몰라. 이번에는 꼭 붙들어, 그 겨울 플라타너스 잎 나뒹구는 길바닥에 나를 홀로 남겨두고 줄행랑쳤던 사연을 알아내야 해.

'맞아, 맞아, 그 새침데기. 아직도 겁이 났던 모양이지?' 그는 계속 뒤를 살피며 사람들 속으로 파묻혀갔다. 그 동안 내가 어찌 살아왔는지 손톱만큼이라도 궁금했다면 저리 달아나지는 않을 텐데, 여전히 무심한 사람. 왜 죄인처럼 도망칠까? 천국은커녕 아직도 지옥철에서 허우적거리고 있는 자신의 꼴이 부끄러웠는지도 몰라. 맞다, 틀림없는 그였다.

눈을 똥그랗게 뜬 그는 당황하는 기색이 역력했다. 마침 다음 역을 알리는 방송이 나오자 눈빛은 잠시 초점을 잃고 흔들렸다. 여울지는 그의 감정을 읽은 순간, 그 옛날처럼 내 몸은 후끈 달아올랐다. 곧이어 열차의 문이 열리자 사람들은 밀물처럼 빠져버렸다. 이런 낭패가 있나, 아주 오래

전 내 뜨거웠던 첫정을 모른 척했던 그는 다시 꼬리를 자른 채 인파 속으로 사라지고 말았다.

나는 한때 오직 그만의 무대에서 춤추는 발레리나였다. 주연 무희가 된 나는 언제나 생글거리며 웃었다. 반달 눈썹 달아 온 눈으로 키우고, 그가 좋아할 예쁜 모양이 나올 때까지 새빨간 립스틱을 그렸다 지우고 또 그렸다. 그의 마음을 사로잡고 싶어 안달이 났었다. 나긋나긋한 사연으로 편지를 쓰고, 친구들을 불러 모은 음악감상실에서 진짜 배우처럼 사랑을 읊조리기도 했다. 하지만 그는 무대 위로 따라 오르지 않았다.

늘품 없었던 그는 순진했던 것일까, 아니면 모자랐던 것일까? 딱히 싫어하는 것도 아니면서 벽창호처럼 맹한 그가 오히려 나를 더 달뜨게 만들었다. 마음이 아니면 몸? 손을 잡아보기도 하고 불쑥 팔짱을 껴도 막무가내였다.

난 수시로 그의 몸을 툭툭 쳐서 전기를 일으키려고 했지만 그는 부지런히 스위치를 내렸다. 어느 늦은 밤, 술에 흥건히 취한 나는 이 꼴로는 집에 들어갈 수가 없다며 그에게 몸을 기댔다. 맹랑하게도, 그는 나를 우물가로 데려 가더니 맹물을 마구 퍼 먹였다. 기껏 우리 집 초인종을 대신 눌러주고는 줄행랑을 쳐버리는 바보, 주는 떡도 못 먹는 숙맥은 뭐가 그리 두려웠을까?

'내 처녀 줄게 네 총각 다오'를 달착지근하게 속삭여도 그는 보이지도 않는 천국을 바라보고 있었다. 지옥 불에 떨어지면 어쩔 거냐며, 그는 오히려 나를 교회로 데려가려고 꼬드겼다. 지금 내 몸이 불타고 있는데 나중에 천국이 무슨 대수야, 자꾸만 불을 끄려는 그가 야속하기만 했다.

그럴수록 나는 지금, 여기서 천국의 맛을 보여주겠노라고 빨간 옷을 더 즐겨 입었다. 그를 마지막으로 만났던 날엔 엄마가 쓰던 샤넬 향수까지 듬뿍 뿌렸고, 빨간 코트 속엔 아무것도 걸치지 않은 시뻘건 알몸이었는데…….

"네가 정말 목사가 되긴 하겠어? 내 손가락에 장을 지지겠다. 넌 사랑을 모르잖아."

지하철에는 빨간 소화기가 파여진 홈 속에 묶여있었다. 발레리나처럼 발을 곧추세운 그녀는 여전히 요염한 자태로, 나를 보더니만 곧바로 덤벼들 태세였다. 내가 너무 쉬운 남자였나?

덤

두어 잔 술로 거나해지면 세상이 넉넉해진다. 그게 공술이라면 퇴근길 발걸음도 가볍다. 아이들을 불러 모아 통닭이라도 한 마리 시켜주면 우리 집은 금세 흥겨워지고 시퍼런 지폐라도 한 장씩 나눠주면 좋아서 펄쩍펄쩍 뛴다. 요긴한 물건을 1+1 행사로 사게 된 아내는 행운이라도 잡은 듯이 기뻐 어쩔 줄 모른다. 어쩌다 부자 친구들에게 밥을 사면 다음에 또 사라 하니, 사람 마음 참 묘하다.

봄이 오는 것이 무서웠던 시절이 있었다. 이미 작년 쌀은 거덜이 나고 아직 햇보리는 시퍼랬던 춘궁기, 끼니를 잇기가 어려웠으니 보리밥 이밥 가리기는커녕 강냉이죽이라도 먹을 수 있기를 간절히 바랐다. 무슨 일이라도 했어야 했지만 일마저 귀한 시절이었다. 산 입에 거미줄 치란 법은 없었던지, 서울깍쟁이들 속에서 고향 사람의 도움으로 시장 건물 맨 끝자락에 차양을 치고 국수가게를 차리게 되었다. 불법으로 달아낸 건물에 겨우 비바람만 피하는 자리였지만 우리에겐 축복이나 다름없었다.

중학생이었던 나는 일찍이 홀로된 고모와 함께 희망의 나날을 맞게 되었다. 어린 소견에 '안 팔리면 우리들이 먹으면 되니까 얼마나 다행인가'라는 위안으로 마음이 푸근해졌다. 망해도 하루 세 끼를 국수라도 먹을 수 있다는 보장이 얼마나 마음 든든했던지, 학교를 마치자마자 신바람을 일으키며 가게로 달려왔다. 고모를 도와 제면기를 돌리고 길게 면발을 뽑아 일정한 길이가 되면 잘라서 봉에다 빨래처럼 아래로 걸쳐 널었다. 마치 희망이 줄을 선 것 같았다.

아이템이 동네 수준에 딱 맞아떨어진 것일까, 장사는 잘 되었다. 생 콩가루를 듬뿍 넣은 고모의 넉넉한 인심 때문이었는지 아니면 조금씩 얹어주는 덤이 손님을 불러모았는지 아무튼 국수는 불티가 나게 팔렸다. 덕분에 허구한 날 우리 식구들은 팔다 남은 부스러기 국수로 저녁을 때웠다. 배춧잎을 넣어 걸쭉하게 끓인 칼국수는 하루의 고생을 시원하게 녹이고도 남았다.

그런데 이런 호사 중에도 곤란한 일이 생기기 시작했다. 어둑어둑해져 일을 마치려는 시간에 헐레벌떡 가게로 들어오는 손님들 때문이었다. 팔다 남은 국수를 몽땅 가져가겠다는 손님이 있는가 하면 없어도 달라고 떼를 쓰는 사람도 있고 부스러기라도 서로 가져가겠다고 난리를 치는 당치도 않은 일이 벌어지곤 했다. 그걸 어찌 돈을 받고 팔겠느냐고, 그건 우리 식구들 저녁꺼리라고 거절해도 막무가내였다. 얼마나 허기졌으면 덤으로라도 내놓으라고 으름장을 놓았을까.

양을 늘려도 손님은 더 많아졌고 손님들의 민망한 요구도 늘어났다. 우리도 먹고 살아야 했으니 이러지도 저러지도 못하는 엉거주춤한 날들이 이어졌다. 같은 일이 반복되다보니 요령도 생기기 마련, 아예 우리 식구들의 저녁거리 국수는 선반 뒤에 따로 숨겨두었다. 하지만 단골이 와서 애걸하듯이 졸라대면 이마저 내놓지 않을 수 없었으니 우리의 꿍꿍이는 말짱 헛탕이 되고 말았다.

물 퍼 나르랴 밀가루 반죽하랴 한나절 내내 손으로 제면기를 돌렸으니 저녁이 되면 몸은 녹초가 되었다. 배가 고파 이미 뱃가죽은 등판에 붙었는데, 날은 어둡고 집에 가서 밥 해 먹어야 한다는 생각만으로도 온몸에서 맥이 쭉 빠져버리곤 했다. 그 놈의 덤 때문에 고생은 덧칠을 한 꼴이었다.

그래도 그 시절을 생각하면 빙그레 웃음이 난다. 난 요즘도 가끔 장바닥을 어슬렁거린다. 고생이 덕지덕지 붙긴 했어도 구수하게 눌러 붙은 희망의 추억 때문일까? 일이 잘 안 풀리거나 사람들 때문에 지치면 곧잘 시장으로 달려가 땀을 뻘뻘 흘리며 칼국수로 시름을 달래곤 한다.

그뿐이랴, 그곳에는 살아있는 사람들이 있고 치열하게 살아가는 그들의 모습에서 활력을 얻기도 한다. 좌판에 놓인 푸성귀는 시들어가도 주인인 할머니는 젊은이보다 더 맹렬해서 좋고 좌판 위에 얹힌 생선 값이 전부 이문이라 해도 아쉬울 텐데, 한 마리라도 더 팔려는 아줌마의 펄떡이는 몸짓을 보면 저절로 힘이 솟는다.

지금 내 형편이 얼마나 호사스러운지를 깨닫는 건 덤이다. 천만금을 주고도 살 수 없는 값진 덤……. 국수장사의 추억 때문인지, 나는 어딜 가서도 덤 달라는 소리는 못 한다.

해 봤어?*

옛날에 한 젊은이가 언덕을 오르다가 '이곳에서 넘어지면 3년밖에 살지 못함. 조심하시오.'라는 푯말을 보았다. 겁을 잔뜩 집어먹은 그는 너무 조심한 나머지 작은 돌에 걸려 넘어지고 말았다. 청년은 땅을 치며 통곡했다.

"젊은이, 왜 그리 슬피 우는가?" 지나던 노인이 물었다.

"이 글을 보십시오, 저는 장가도 못 가보고 이제 곧 죽게 되었습니다."

"뭘 걱정인가, 서른 번만 넘어져 보게 젊은이. 백 살도 넘어 살겠구먼."

생각만으로, 특히 부정적인 생각으로는 삶에 도움이 되

는 경우는 거의 없다.

사업가, 과학자, 예술가, 운동선수, 피아니스트 심지어 절도범에 이르기까지 어느 분야에서나 최고의 고수는 열심히 했다는 수준을 뛰어넘어 미친 듯이 노력한 사람들이다. 강수진은 십 년 동안 하루에 열 시간씩 연습한 끝에 세계적인 발레리나가 되었고 프로야구 한화 이글스의 장종훈 선수는 동료들이 잠잘 때 호텔 옥상에서 매일 천 번 이상 스윙을 연습한 결과로 홈런왕이 되었다. 세상에는 공짜가 없고 인생에는 덤도 없는 게 맞다.

> 인생에서 가장 먼 여행은/ 머리에서 가슴까지의 여행이라고 합니다./ 냉철한 머리보다 따듯한 가슴이/ 그만큼 더 어렵기 때문입니다./ 그러나 또 하나의 가장 먼 여행이 있습니다./ 가슴에서 발까지의 여행입니다./ 발은 실천입니다.//

신영복의 '처음처럼'에 있는 글이다. 머리에서 발, 실천에 이르기까지는 멀고 먼 여행이어서 그리 힘이 들었나 보다.

그러다 보니 우리는 잠시 생각하고는 '안 된다'를 쉽게 단정해 버린다. 많이 배워 세상을 잘 안다는 사람들 중에 불행한 사람이 많은 건 왜일까? 인생은 정답 찾기가 아니라는 것쯤은 이미 알 텐데, 아직도 그들은 나라를 잃고 독립운동하듯 담론과 논쟁만 즐기기 때문이리라. 많이 알고 말이 많으면 왕따 당하기 십상이요, 많이 알고 실행이 따르지 못하면 밥통을 잃게 될지도 모른다.

빌 게이츠는 고교생 때부터 컴퓨터를 좋아했다. 하버드대학에 진학했지만 공부만 하는 대학이 지겨워 중퇴해버렸다. 대신 그는 매일 새벽, 대학 전산실이 쉬는 시간에 몰래 들어가 컴퓨터를 즐겼다고 했다. 칠 년 동안 컴퓨터 프로그래밍에 미친 결과, 마이크로소프트라는 회사를 창립하게 되었고 그러한 열정은 결국 세계 최고의 부자가 되었다.

"해 봤어?"

우리나라의 개발시대를 이끌었던 현대그룹의 정주영 회장이 직원들에게 자주 했던 말이다. 그렇다, 실행이 답이다. 세상은 열심히 일한 사람들이 좋게 만들었으니까.

일장춘몽

한가로운 휴일 오후, '동물의 왕국'에서는 독수리 한 마리가 힘차게 창공을 날다가 땅으로 내리 꽂혔다. 한 틈 오차도 없이 오소리 한 마리를 낚아채 번개를 타고 오르듯 하늘로 솟구쳐 올랐다. 그리고는 훨훨 사라져갔다.

친구가 위암 수술을 받았다. 의사가 아닌 로봇에게, 엄청난 비용을 들였다고 했다. 그는 독수리에게 먹이를 채이듯 자기 몸속 내장의 일부를 빼앗기고도 흡가분해 하니 참 기이한 일이었다. 수술실 밖에서 가슴 졸였던 가족들도 한 치의 오차도 없이 암 부위가 말끔히 잘려나가는 모습을 보고는 환호성을 질렀다고 했다. 오묘한 세상, 퇴원한 그는 아무 일도 없었던 사람처럼 여전히 활력이 넘쳤다.

로봇은 병원에서만 위세를 떨친 것이 아니었다. 연구실, 공장, 군대, 농장 심지어 불이 난 빌딩에서도 설친다.

이젠 우리 집안으로 들어오려고 한다. 아마도 로봇을 만드는 기술자가 좀 더 재주를 부린다면 이목구비 반듯한 얼굴에다가 늘씬한 팔등신의 로봇 여자도 만들겠지. 이왕이면 항상 웃는 얼굴로, 어떤 경우에도 잔소리를 못 하도록 컴퓨터에 입력해 달라고 부탁해야겠다. 부드럽고 탄력 넘치는 인조 피부에 체온마저 따끈따끈한 로봇녀에게 어떤 남자가 혹하지 않을까. 아니, 세상의 모든 남자들이 그녀와 결혼하려고 난리법석일 게다.

그런데, 곰곰 생각해보니 남자만 좋아할 세상이 아닐 것 같다. 여자들이 밤이고, 낮이고 힘이 넘치는 로봇남을 구해서 함께 살려고 하면 우린 어쩌나?

여전히 한가로운 휴일 오후, 토라졌던 아내가 '동물의 왕국'에서 사라졌던 독수리처럼 나타나 서슴없이 내리꽂혔다가 솟아오르기를 거듭한다. 한낮의 일장춘몽이었다.

길을 묻다

길을 나섰다. 이번에는 낯선 길이었다. 사람들이 자꾸 다녀서 만들어졌다는 길, 도반이 좋아 편안한 마음으로 따라 나섰을 따름이었다. 하지만 문학 동네의 길은 꼬부랑길이었다. 그 길을 따라 걷다가 길을 잃고, 길을 물었다. 알 수 없는 꼬부랑길이었다. 더 캐물었다가는 꼬부랑 작대기로 마구 두들겨 맞을 것 같아 그냥 걸었다. 이리 말귀 어둡고 심한 길치인 줄 알았더라면 행장이라도 단단히 꾸리고 나섰을 것을.

문학의 꼬부랑길은 자동으로 길을 알려주는 내비게이션에도 나타나지 않았다. 책을 펴보아도 명쾌하게 보이지 않았고, 저마다의 주장은 백가쟁명이었다. 동가식서가숙하듯 선배를 찾아 길을 물었으나 시원한 답도 없었다. 어쩌면 우리는 함께 헤매고 있는지도 몰랐다. 글 구걸은 빈 깡통으로 끝나기 마련이어서 소리만 요란했다. 갈 길은 멀고 해는 서산에 걸려 뉘엿뉘엿하니 마음마저 다급해졌다.

씨앗이 땅에 떨어진다고 다 생명이 되는 것은 아니었다. 흙 이불을 덮어야만 싹이 나고 잎으로 자랐으며 오랫동안 기다려야 꽃을 피웠다. 열매를 맺기까지는 참 많은 세월이 걸렸다. 텃밭 채소도 쉬 자라지 않는 줄 알면서 마음을 가꾸는 길을 왜 그리 서둘렀는지 모르겠다.

등단이라는 관문을 거치고 경력에다 '수필가'라고 써넣으면 얼떨결에라도 글이 술술 나올 줄 알았다. 바보. 고비마다 난산이었다.

수필은 나를 정화하고 치유시킨다고 했다. 맞다. 하지만 글을 쓴다는 것은 엄청난 고통이었다. 예술창작의 길은 아무나 갈 수 있는 길이 아니었으며 열정을 쏟아붓는다고 작품이 되는 것도 아니었다. 잠자는 순수도 깨워야 하고 끊임없이 감성의 물을 퍼 올려야 했다. 번득이는 영감을 잡아채기 위해서는 순발력도 필요했으며 오감은 펄펄 살아있으라 했다. 차라리 연애질이라도 하는 게 지름길인가 싶기도 했다.

누군가가 안달이 난 나를 다독였다. '누에는 뽕잎을 먹은 만큼 실을 내놓는다'고. 정말 그랬다. 개발시대를 바삐 살아오느라 마음 놓고 소설을 읽을 여유도, 멋스럽게 시를 즐길 재주도 없었다. 별스럽게 먹은 것 없으면서 어찌 글이 시원시원 풀려나올 수 있었겠나. 태어날 때부터 문학성을 내려받은 것도 아니었으니 아무리 몸을 주리 틀어도 글은 작품이 되질 못했다.

경험한 사실을 소재로 삼아야 하는 수필의 태생적 한계. 이를 뛰어넘지 못한 내 글은 넋두리가 되었고 툭하면 신변잡기로 추락하고 있었다. 한낱 무지렁이로 살아온 내 인생에서 감동적인 경험이 과연 몇 번이나 있었을까? 그나마 그 경험을 문학적으로 승화시켜나갈 길은 더욱 막막했다. 명문장名文章이 수필이었던 시대는 옛날이었다고 하고, 미문美文만으로는 좋은 수필이 되기 어렵다 하니 길은 첩첩산중으로 접어들었다.

시인처럼 창작적인 수필가가 되려면 자신이 나무가 되거나 새가 되어보라 했다. 생뚱맞게도, 이럴 때마다 내 직관은 왜 빠르게 논리를 향해 내달리는지 모르겠다. 게다가 형식의 옷마저 훌딱 벗으란다. 길은 점점 험해지고 있었다.

문학의 동네는 꽃들이 모여 사는 아름다운 곳이요, 순수한 공감이 마음껏 오가는 정겨운 길인 줄 알았다. 그곳에선 놀랍게도 예술의 경계가 허물어지고 있었고, 땅 따먹기 같은 제로섬 게임Zero-Sum Game이 벌어지고 있었다. 사람들의 하루를 서로 빼앗아 가려고 야단법석이었으니까.

시는 창작의 적통이라며 고고히 뽐내고 소설은 이야기라는 매혹적인 기술로 사람들을 끌어 모았다. 실로 막강한 경쟁자는 따로 있었다. TV 드라마는 가가호호를 찾아다니며 사람들의 혼을 흔들어 놓았고 영화는 짜릿한 쾌감을 은밀하게 전파하고 있었다. 가끔이긴 하지만 오페라와 뮤지컬은 태풍처럼 몰려와 사람들의 마음을 휩쓸어갔다. 이뿐이랴, 새로운 미디어들은 무서운 힘으로 비집고 들어왔다. 원터치의 스마트폰은 수많은 사람들에게 요술 상자가 되었고, 유튜브는 영웅적 음악가들의 노래를 공짜로 들려주었으며 때론 시원시원한 폭소도 선물해주었다. 나는 카톡이네, 너는 페이스북이네, 우리는 밴드네 하면서 취향이 같은 사람들끼리 모여 마냥 수다를 떨고 있었다.

사람들은 자꾸만 감각적이 되고 더 진한 감동을 찾아 떼지어 다니는데 수필만 낭떠러지 외길을 걷고 있는가 싶어 더럭 겁이 났다. 시가 수필이 되고, 소설도 수필이 되는 퓨

전의 시대에 기어이 길을 잃고 말았다.

누군가 나를 흔들어 깨웠다. 땅만 쳐다보며 걷다가 길을 잃은 내게 눈을 들어 하늘을 보라고 했다. 어둠 속에는 빛이 숨겨져 있다는 괴테의 말이 퍼뜩 떠올라 밤하늘을 올려다보았다. 옳았다. 그곳에는 반짝이는 별들이 은하가 되어 흐르고 있었다. 다급하고 궁상스러운 마음을 떨치고 나니 감동을 주는 수필이 보였다. 박수를 보내야 할, 별처럼 아름답게 빛나는 수필가들도 있었다.

백원 평지 길에 달빛이 쏟아졌다. …… 매뉴얼 없이 자유분방하게 달빛 속을 걸어가는 나의 모습은 영화 <서편제>에서 흥겹게 노래 부르며 굽은 길을 돌아드는 주인공보다 훨씬 앞선 주인공이었다.

어느새 걸음이 처지기 시작했다. …… 숲 속을 지나 너럭바위에 앉았다. 나뭇가지에 걸린 달이 스치는 여인이 되어 스무살 총각의 마음을 흔들어 놓는다. ……

하늘이 빼끔 트인다. 갈령재 정상이 가까워진 것이다. 손에 잡힐 듯 보름달 여인이 쉬었다 가라 한다. 수줍은 총각은 재빨리 정상으로 내닫는다. 내 마음을 어떻게 비워야 할지 미적거리는 사이, 바람에 놀아나는 뭉텅구름이 달을 쫓아 보낸다. ……

…… 삐뚤삐뚤 놓인 징검다리를 짚다가 철버덕 물에 빠졌다. 이효석의 <메밀꽃 필 무렵>의 장돌뱅이요, 얼금뱅이인 허생원

의 모습이 떠올랐다. …… 허생원에게는 그를 업어줄 동이가 있지 않은가. 나는 달을 업었다. 달빛이 소금을 뿌린 듯, 새하얀 봉평 메밀꽃밭길이 눈에 어른거렸다. …… 이 세상 외톨이는 나 혼자뿐이라는 서글픈 생각이 내 온몸을 휘감았다. 젖은 옷가지에 스며든 상념은 언제쯤 마를 것인가?

털레털레 집에 도착하니 반딧불이 하나가 내 옷소매에서 날아갔다. 그래, 나는 그동안 달빛을 머금은 풀잎이었던가. 격자 창문을 여니 하얀 달덩이가 향기가 되어 방안을 가득 채우고 나를 기다리고 있었다. ……

– 신창선, 「잃어버린 달」 일부 발췌

달을 업다니, 얼마나 감동적인가? 평론가는 이 작품을 '시적 발상의 산문적 형상화'가 잘 이루어진 수필로 평했다. <산문시散文詩>가 아니라 <산문의 시詩>라 했으며, 형식은 산문이지만 시심詩心을 바탕으로 한 산문작품이라는 뜻이었으리라. 서정문학의 창조적 정서를 서사구성법으로 엮으면 훌륭한 문학작품, 창작문예수필이 될 수 있다고도 했다.

언뜻 희망의 길을 보았다. 어두움이 짙을수록 새벽이 가까이 온다더니만 어쩌면 내게도 희망의 길이 열리고 있는지도 모른다.

길은 땅 위에만 있는 것이 아니었다.

울지 못한 죄

눈이 침침해 안과에 갔더니, 의사는 인공 눈물을 주면서 자꾸 울면 곧 나을 것이라 했다. 내가 얼마나 눈을 부릅뜨고 살아왔는지 그는 어찌 알아차렸을까?

유난히 수학이 싫었던 학생이었다. 수학 선생은 더 싫어서 아침부터 아예 학교 반대편 산으로 줄행랑을 쳤다가 삼촌에게 걸려 흠씬 매타작을 당하면서도 울 수가 없었다. 그리 가슴을 쥐어뜯던 소년은 빠르고 강팍한 세상에 뒤질세라 이를 악물고, 힘든 게 어디 나 혼자이겠느냐는 새김질로 어른이 되어 갔다.

신혼은 관악산 북향 비탈 단칸 셋방에서 추위에 덜덜 떨며 시작했다. 불알 두 쪽뿐인 촌놈에게 하늘도 무심치 않았던지, 내게 열세 평 임대아파트를 당첨시켜 주었다. 남향에 한 점 외풍도 없었던 새 아파트에서의 첫날밤은 따듯한 행복이 꿀처럼 흘렀다. 그곳은 썩어도 준치라는 강남이었고 매일 자고 나면 집값이 뛰어올랐다. 이보다 더 큰 행운을 어디서 또 만나겠는가. 나날이 날아오르던 프리미엄이 백만 원을 돌파했다는 소식이 팡파레처럼 울려 퍼지자 덜컹 집을 팔아버렸다. 하지만, 집값은 계속 올라 삼백만 원, 오백만 원도 넘더니만 하늘로 훨훨 날아가 버렸다. 내 집을 판 돈으로는 그 집에서의 전세살이도 어려워져 한 맺힌 이삿짐을 싸야 했다. 단 일 년의 행복이었다.

울고 싶었지만 가슴만 쥐어뜯었다.

빨리 부자가 되고 싶어 간 큰 직원들이 모여 벌이는 투전판에 뛰어들었다. 누구와 놀았다는 말 않고, 얼마를 잃어도 징징거리지 말아야 한다는 입회조건에 흔쾌히 동의해버렸다. 월급날, 드디어 초대가 왔고 난수표처럼 복잡한 주소의 집으로 찾아갔다. 일터에서는 싹싹하기 그지없던 젠틀맨들이 노름판이 시작되자 안면을 싹 바꿔 무서운 사람으로 돌변했다. 싸늘한 표정에 눈빛은 차갑게 번득였다. 미끼인지도 모르고 덥석 물었던 초반엔 잠시 백중세였지만 시간이 흐르며 프로들의 대세를 당해낼 재간이 없었다. 새벽 세 시, 내 월급봉투는 완전히 거덜나 버렸다. 마피아처럼 냉혹해진 그들은 내게 더 이상 카드 패도 나눠주지 않았다. 잠시 불쌍한 구경꾼이 되었다가 통금 해제 사이렌이 울리자 살며시 놀음판을 빠져나와야 했다. 겨울 새벽, 스치는 바람은 볼을 갈랐고 마음은 더 시렸다. 땡전 한 푼 없는 빈털터리였기에 택시를 부를 수도 없었고 아직 버스가 다닐 시간도 아니었다. 처참하게도, 걸어서 집으로 가는 이십 리 길은 내 일생에서 가장 먼 길이었다.

울고 싶었지만 가슴만 쥐어뜯었다.

어서 빨리 잘난 남편, 부자 아빠가 되어야 했다. 하지만 돈은 내 편이 아니란 걸 알고선 미친 듯이 일에 뛰어들 수밖에. 오직 일만이 나를 구원해 줄 것 같아 하라는 일은 당연했고 하지 않아도 되는 일도 마구 벌여 나갔다. 곳곳에서 박수가 터졌기에 최선은 모두에게 관통한다고 여겼다.

호사다마라 했던가, 부모와 자식 사이 같은 바다와 배. 하지만 애꿎게도 바다가 배를 삼키고 파도가 배를 동강낼 줄이야 누가 알았겠는가. 아무리 큰 태풍이라 하더라도 방파제 안의 배는 안전하기 마련인데 바다가 부린 패륜에 난 넋을 놓아야 했다. 파도에 시달리다 동강 난 배는 미안한 표정이었지만 침몰에 대한 책임을 혼자서 몽땅 뒤집어 써야 했다. 산더미처럼 밀려오는 태풍더러 차라리 나도 함께 데려가라 외쳤지만 성난 바다의 아우성에 묻혀버리고 말았다.

울고 싶었지만 가슴만 쥐어뜯었다.

감봉 칠 개월이라는 징계는 회사를 그만두라는 뜻과 같다고 쑥덕거렸다. 당장 사표를 낸다면 모든 잘못을 뒤집어 쓰는 꼴이 될 것 같아, 진실이 밝혀질 때까지 버티기로 했다. 몸은 무너져 내리더라도 양심은 지켜내야 하는 외로운 싸움이었다. 울면 안 되는데 자꾸만 눈물이 났다. 분하고 억울했지만 결백을 증명하기 위해선 악착같이 살아야 했다.

'이 또한 지나가리라'는 성구를 새김질하며.

시련은 한때일 뿐, 태풍이 지난 하늘은 더없이 환해졌다. 지나고 나니 누구를 원망할 일도 아니었다. 너나없이 개발시대를 열심히 살아온 죄밖에 더 있겠는가. '내 탓이오, 내 탓이오, 내 큰 탓이로소이다.'라며 가슴을 쳤더니 그 어렵던 울음이 절로 터져 나왔다.

돌탑

등산길 심심할까 봐 돌로 열어둔 큰 귀

여
편네들
옷 자랑이야
기본. 서방 두고
화냥질한 걸 자랑질
하다니, 왜 여기 와서
부부싸움이야. 남정네,
가짜 로렉스 차고 와 진짜라고
우기질 않나, 사내답지 못하게
친구 험담하는 꼴이란. 가끔씩 젊은
연놈들 시시덕거릴 땐 나도 흔들려.
집 나갔던 가시내 데려와 어르고 달래는
건 비밀이니까 봐줄게. 성난 기러기 아빠
멧돼지처럼 포효하는데, 멀리서 들려오는 앙칼진
여자 목소리 "야~이 ×할 놈아" 기어이 가정 하나
또 무너지겠네. 세상에 어디 꼴불견만 있겠나, 가뭄 극복에
동참한다며 훌러덩 바지 내리고 함께 오줌 누는 아지매들 궁둥이는 예뻤어.

너희 넋두리 들어주다 이젠 먹먹해진 귀

조화로다, 조화

백두산은 그 긴 영겁의 세월 동안 날 선 비바람에 찢기고 씻겨 내려도 봉우리는 낮아지거나 작아지지 않았다. 천지의 물은 삼백 예순 닷새 내내 장백폭포로 쉼 없이 떨어져 흘러도 결코 마르지 않았다. 이 무슨 조화이련가?

〔Ⅰ〕

모두가 추억을 아름답게 노래하는데, 무슨 영문인지 내겐 어렵고 힘들었던 기억들이 먼저 떠오른다. 어려서부터 유난히 숫자가 싫었다. 수학시간엔 '살아가는 데 왜 이런 방정식이 필요할까?'라는 생뚱맞은 생각이 머리에 가득했다.

그래도 죽으란 법은 없었는지, 국어 시간에는 똘망똘망하게 눈을 뜨고 있었다. 나름 언어지능은 작동해 문예부 활동에다 교지를 만드는 보람으로 학교를 다닐 수 있었다.

수학의 공포는 회초리 몇 대로 지나갔지만 진짜 문제는 아둔한 셈이었다. 학교에 바쳐야 하는 월사금으로 포원이었던 호떡을 사 먹어버린 짓거리는 온 집안을 발칵 뒤집었다. 그 난리에도 친구들에게 진 신세를 갚았다고 둘러댔더니 '저 맹꽁이 싹수 좀 봐라'며 한 대 더 얻어맞았다.

내 손으로 돈 벌어 내가 쓰는 성인이 되었다고 그 버릇이 어디 갔겠는가. 어렵게 된 친구가 월부 책장수 되어 사무실로 찾아온 걸 어찌 그냥 돌려보내나, 한 달 치 월급을 몽땅 바쳐 문학전집을 사버렸다. 책이 집에 배달된 날 우리 집에선 당연히 난리가 났었다.

도대체 셈이 어두웠다. 육갑 짚듯, 손가락을 한참 폈다 오므렸다 해야 셈이 되는 어둔함에다 제가 무슨 재벌의 후예라고 지갑에 든 돈 세는 것조차 어색해 했으니 꿈에라도 부자 되긴 글렀었다.

결혼하면 철이 든다기에 결혼을 서둘렀다. 야무진 여자를 만났어도 우리 집엔 늘 찬바람이 불었다. 친구 만나야 하네, 일이 많네 하며 밖으로만 나돌았던 난 언제나 바람을 안고 집으로 들어왔으니까. 핑계가 떨어진 날에는 친구들을 집으로 몰고 오곤 했다. 가족은 언제나 후순위였다.

"당신이 무슨 선비라고, 조선 시대 끝난 지가 언젠데 아직도 곰방대 흔들며 도포 자락 휘날리듯 휘청거리나요?"

도대체 셈이 되지 않는 가장으로는 가족들의 생계가 걱정스러웠던지, 아내는 거의 동물적 감각으로 팔을 걷어붙였다. 출근하는 남편에게 도시락을 싸 안기고, 아이들에게는 고등어로라도 햄버거를 만들어 먹였다. 되는 것과 안 되는 것이 분명했던 아내 덕분에 지금은 비바람 피한 집에서 추위 더위 잊고 살 수 있게 되었다. 더도 덜도 아닌 딱 먹고 살 만큼 누리니 조화로다, 조화.

〔II〕

무관심은 형벌이라며 'Responsibility=Response+Ability, 반응하는 것은 책임이요, 중요한 능력이다'라고 주장하고 다니는 난 내 일이건 남의 일이건 나를 필요로 하는 일마다 당연히 반응하려고 발딱발딱 일어섰다.

겨울 냇가에서 썰매를 지치고 돌아와 호호거리며 고추가

떨어질 만큼 춥다고 벌벌 떨었더니 사내가 무슨 호들갑이냐며 추위보다 더 모진 욕을 먹고 자랐다. 남의 집에 가서는 밥을 먹지 않았으면서도 먹었다고 우겨야 했고, 개 코도 모르면서 다 아는 것처럼 설치라는 새빨간 거짓말도 익혔다.

그래도 나는 좋은 것을 보면 좋다, 아름다운 것은 아름답다, 무거우면 힘들다, 아프면 아프다 말했더니 오지랖이 넓다는 핀잔이 돌아오곤 했다.

십여 년 전 아파트 앞집에서 불이 나 둘이 죽고 둘만 살아난 안타까운 일이 있었다. 당장 문상을 가야 한다고 채근하는 나와 상주가 병실에 누워 있는데 천천히 위문하자는 아내 사이에 한바탕 불꽃을 튀겼다. 무엇이든 빨리빨리를 외치며 설치는 나를 아내는 제발 한 박자 쉬어보라고 팔을 낚아채 주저앉혔다. 그렇다고 사내대장부가 뽑은 칼을 어찌 그냥 넣겠는가, 기어이 큰소리를 터트리고 말았다.

"아이고 저 오지랖, 넓기도 넓지."

벼락같은 아내의 선고가 떨어지고, 그 말이 땅에 떨어지기도 전에 내 의욕은 재가 되어 사그라지고 말았다.

그렇게 마음이 상하고, 시간과 돈까지 잃기 다반사였지만 버릇은 쉬 버릴 수가 없었다. 앞으로 남고 뒤로 밑지는 장사 같지만 오히려 내 속은 든든했다. 더 크게 얻어지는 편한 마음이 내 몸을 달뜨게 하는 걸 어쩌랴. 이건 성격의 문제가 아니라, 죽어도 해야 하거나 천금이 생겨도 못 하는 기질의 문제였다. 내 팔자였다.

불길처럼 치솟는 남편에 오뉴월 소낙비로 내리는 아내, 이 얼마나 화려한 황금 콤비인가. 조화로다, 조화.

그리움

다른 애들은 모두 메이커 신발을 신었는데, 아이는 부끄러워 학교를 못 가겠다고 아우성입니다. 옛날, 어느 장날 어렵게 운동화를 얻어 신었던 상큼한 추억에 마음을 내어봅니다. 며칠이 지나자 자기만 교복 점퍼를 입지 않았다고 옷 타령입니다. 교복에 무슨 점퍼냐고 나무랐더니 N으로 시작하는 그 유명한 브랜드도 모르냐며 오히려 타박입니다. 많지도 않은 자식인데 기죽이기 싫어 또 마음을 내었습니다.

산에는 단풍만 아름다운 것이 아니었습니다. 산악인들이 알프스를 오를 때나 챙겨 입었던 등산복들이 동네 산을 더욱 화려하게 만들었더군요. 나도 뒤질세라 한 벌 새로 갖추었지만 몸은 여전히 뻣뻣했습니다. 유행 값을 단단히 치르며 신고 입는 것 모두를 따라 했더니 사람들은 산은 아니 오르고 바위에 걸터앉아 옷 자랑만 하더군요. 차라리 무채색 등산복 입고서도 산을 즐겼던 시절, 그 사람들이 그립습니다.

패션만 유행을 타는 것이 아니었습니다.

우리 집도 덩달아 핵가족이 되고 나니 다독여 줄 할아버지, 할머니가 사라졌습니다.

아버지는 새벽부터 돈 버는 기계처럼 일하다가 밤엔 늦게까지 술자리로 매일 바쁘기만 합니다. 어쩌다 마주치면 거두절미, 큰 인물 되라 하고 어머니는 아이를 볼 때마다 꼬치꼬치 성적만 따집니다. 이를 어쩌나, 이젠 왕따를 당해도 마땅히 하소연할 형제도 없습니다. 새털처럼 가벼워진 가족이지만 대하기는 너무 무겁습니다.

좋다고 따른 유행이었는데 이렇게 외로울 줄 누가 알았겠습니까? 이 벅찬 세상을 어찌 살아가야 하는지, 정작 중요한 세상살이는 아무도 가르쳐주지 않네요. 오순도순 함께 모여 밥 먹을 기회도 없으니, 차라리 그 옛날 온 식구들이 둘러앉았던 초라했던 밥상이 그립습니다.

몸살 난 가을

몇 해 전, 묵은 친구들과 술자리에서 등산 예찬론으로 이야기꽃을 피웠다. 팔공산의 단풍이 멋있고 입시철을 앞둔 갓바위의 사람 구경은 금상첨화라며 갓바위 산행을 권했다. 긴 객지생활 끝에 고향으로 돌아온 나는 마음이 당겼다.

"어떻게 가야 하는데?"

"초보라면 버스 종점에서 한 시간 정도 오르면 돼, 너도 그 정도면 될 거야."

'그래? 난 왕년에 산꼭대기에 있는 군부대에 근무하며 삼 년 동안 다람쥐처럼 산을 오르내렸지, 아직도 등산이라면 누구보다 자신 있단 말이야. 언젠가는 확실하게 본때를 보여주마'라고 마음먹었다.

가을과 산은 천생연분인지 둘이서 똘똘 뭉쳐 자꾸만 내 마음을 흔들었다. 만산홍엽의 물결이 일렁이는데 어찌 그냥 앉았으랴, 며칠을 벼려오다 시월의 마지막 휴일을 맞았다. 새벽에 일어나 작은 등산가방에다 생수 한 병, 삶은 땅콩 두어 주먹, 사과 한 알을 집어넣고 갓바위 행 버스에 올랐다. 아내는 아이들 뒷바라지 때문에 부산에 가 있어 정해진 시간에 집으로 돌아와야 하는 부담도 없으니 기분까지 홀가분했다.

산속의 아침은 신선했고 공기보다 더 건강한 사람들이 많아 좋았다. 친구의 말대로 한 시간 만에 갓바위 정상에 오를 수 있었다. 동남쪽을 향해 일어선 큰 부처님은 장엄했다. 입시생 자녀를 둔 학부모들은 부처님께 절 올리느라 여념이 없었고 그들의 기원은 하늘에라도 닿을 듯 간절해 보였다. 산은 가을에 취해 있었고 사람들은 형형색색의 옷으로 가을을 화려하게 익혀가고 있었다.

한쪽 구석에 텁석 주저앉아 준비해 온 사과를 깨물면서 '이렇게 가까이 명산이 있다니, 부지런하면 평일에도 다니겠는걸.' 혼자 중얼거리다 눈을 들었더니 멀리 햇살을 받아 번쩍이는 봉우리들이 보였다.

"저 봉우리는 뭡니까?"

"동봉이요"

그것도 모르느냐는 투의 무뚝뚝한 대답이 돌아왔다.

가보고 싶었다. 곧바로 일어나 걷기 시작했다. 능선이 보기보다는 가팔랐으나 초행길의 경이로움과 제 흥에 젖은 난 춤추는 나무들과 함께 신나게 오르내렸다. 얼마나 걸었을까, 한 무리의 산행꾼들이 둘러앉아 점심을 먹고 있었다. 이미 정오를 넘고 있어 시장기가 몰려왔다. 간식으로 준비해 온 땅콩 두어 주먹으로는 허기를 메울 수가 없었다. '아, 아침밥을 먹지 않았구나. 빨리 내려가 점심이나 잘 먹으면 되겠지' 스스로를 위로하며 일어나 다시 걷기 시작했다.

그런데 가까이 있을 것 같던 동봉은 어디로 사라졌을까? 배는 고프고 다리에 힘은 빠져 발걸음은 천근만근 무거워졌다. 도저히 더 오를 수 없을 즈음에 왼쪽으로 난 샛길이 보였다. 더없이 반가운 마음으로 하산을 시작했다. 하염없이 내려왔지만 계곡도 능선처럼 끝없이 계속되었다. 붉게 물든 오미자와 산수유 열매들의 격려가 있긴 했어도 사람이 그리운 호젓한 길이었다. 내 그림자가 키 큰 소나무만큼 길어진 늦은 오후가 되어서야 동화사에 닿았다.

절 앞, 즐비하게 늘어선 식당에는 나들이 손님들이 넘쳐

나고 있어 나 같은 외톨이 손님의 허기쯤이야 안중에도 없었다. 어쩔 수 없이 만원버스에 흔들리며 집으로 돌아올 수밖에. 얄궂게도 동네 식당들은 정기휴일이라며 한결같이 문을 굳게 닫고 있었다. 빵집이 구세주처럼 반가웠지만, 퉁퉁 부은 내 목은 빵 한 조각 삼키기도 어려웠다. 집에 닿자마자 나무 등걸 나동그라지듯 쓰러져 사흘 동안 그 자리에서 일어나지 못했다. 가을 몸살이었다.

고등학생 때, 경주에서 열린 한글날 기념 신라백일장에서 받은 시제가 '시계'였다. 시간이라면 몰라도 시계가 뭐람? 변통머리 없는 난 부여받은 세 시간 동안 땀을 뻘뻘 흘리며 몸부림쳤었으나 단 한 줄도 쓸 수가 없었다. 그 가을에도 난 몸살이 났었다.

겉이 화려한 가을, 아무리 좋은 일이라도 분수 모르고 덤빌 일은 아니었다. 내 속은 헛땀이 흐르고 있으니까.

5부

걱정은 이제 그만

이젠 웃어요, 우리*

영화 '바람과 함께 사라지다'는 20세기의 걸작으로 꼽힌다. 오랜 세월 동안 많은 이들에게 뭉클한 감동을 준 영화라 명화 중의 명화가 되었다. 무엇이 사람들을 그토록 감동시켰을까?

비비안 리가 이 영화에서 스칼렛 역으로 캐스팅된 사연부터 기막힌 드라마였다. 사실, 그녀는 최종 연기테스트에서 떨어졌었다. 오매불망, 배우가 되겠다고 런던에서 할리우드까지 날아왔는데 탈락이라니 얼마나 야속했겠는가. '당신들이 나를 떨어트리다니' 애석한 마음으로 방을 나서던 그녀는 문고리를 잡은 채 심사위원들을 향해 야릇한 웃음을 보냈다. 순간 감독이 외쳤다. "잠깐! 다시 한 번 웃어 봐. 됐어, 바로 그 미소야." 한순간의 미소로 그녀는 주연 배우의 자리를 꿰찼고 화려한 인생의 출발점도 되었다.

남북전쟁으로 모든 것을 잃어버린 대지주의 딸. 그러나 결코 포기할 수 없는, 질경이같이 아무리 밟아도 죽지 않고 억척스레 다시 살아나야 했던 스칼렛. 그녀는 묘한 미소로 운명을 개척해 나간다. 영화를 더욱 빛나게 만든 건 바로 비비안 리의 표정 연기, 표변하는 웃음이었다.

진정한 미인이란 반듯한 이목구비에 더해 표정도 좋아야 한다. 누구라도 웃으면 인상이 좋아지고 미소는 '나는 당신을 좋아합니다.'라는 만국통용어가 되기도 한다. 매혹적인 미소는 사람을 끌어 모으는 묘약이요, 때로는 돈 한 푼 들이지 않고도 명품백보다 더 좋은 선물이 된다. 뿐이랴, 잘 웃으면 암도 낫고 미리 웃으면 암에 걸리지 않을 수도 있단다.

웃는 데 특별한 기술이 필요한 것도 아니다. 그냥 웃으면 된다. 그러면 기분이 저절로 좋아진다. 하지만 우리는 한결같이 웃을 일이 없어서 웃지 않는다고 말한다. '웃으면 복이 온다'는 속담은 선소후복先笑後福, 먼저 웃기를 권한다. 좋은 일을 기다리기만 하다가는 죽을 때까지 몇 번이나 호탕하게 웃을 수 있을지 보장이 없다. 그런데도 잘 웃는 아이들을 경망스럽다고 윽박지르는 험상궂은 어른도 있다.

프로스포츠에서 골을 못 넣고도, 삼진 아웃을 당하고도 웃는 모습이 좋아 보이는 선수가 있다. 경기가 안 풀린다고 초조하게 안달하는 것보다 여유가 있어 더 멋진 모습 아닌가, 이런 여유가 때론 경기의 결과를 뒤집기도 해 통쾌하다.

개업하는 가게의 고사상에는 웃는 돼지머리가 단골로 오른다. 값이 더 나가기 위해 돼지는 죽을 때도 웃고 죽었을까? 상인들의 애교 넘치는 상술이지만, 만물의 영장인 사람이 웃으면 얼마나 더 값지겠는가. 우리는 감정과 영감을 교류하면서 살아간다. 주고받는 웃음은 단순히 스쳐 가는 바람이 아니라 목마른 영혼을 달래는 샘물이 되기도 한다. 마구 퍼 올려 온 사람들과 나눴으면 좋겠다. 이젠 웃어요, 우리.

소통이 금이다*

어느 회사원이 부모님께 효도해야겠다고 결심했다. 첫날 아침, 출근에 앞서 고향에 계신 부모님께 안부전화를 드렸다. 전화를 받은 아버지가 "네가 웬 일이냐, 어디 아프냐?"고 하시더란다. 쑥스러움을 무릅쓰고 둘째 날에도 전화를 드렸더니 "그래, 나는 잘 있다. 그런데 너 회사에서 잘렸느냐?"고 물으시더란다. 그간의 불효를 크게 반성하며 셋째 날에 또 전화를 드렸다. "너 암 걸렸지?" 아버지는 낙심한 음성으로 크게 한숨을 내쉬셨다고 했다.

침묵이 금이라는 시대는 갔다. 대화는 마음만 먹으면 가능하다? 소통은 일방의 노력으로 되는 일이 아니요, 하루이

틀에 원활해지는 것도 아니다. 사실, 원만한 대화는 고난도의 기술이 필요한데도 사람들은 입 밖에 나오면 다 말이 되는 줄 안다. 어림없는 일이다. 정색을 하고 대화를 해도 의사전달은 반에도 못 미친다는 게 전문가들의 분석이다. 그렇다고 입을 닫으면 상대방은 불안에 빠지고 만다.

생각 없이 마구 튀어나온 말은 화살이 되어 상대의 마음에 상처가 되고 의욕도 꺾어버린다. 작심하고 내뱉는 비난, 비판, 불평의 말은 폭탄이 되어 관계를 파탄시키고 만다. 부처님은 부득이 남의 허물을 드러내고자 할 경우에는 그에게 이로움이 되도록 인자한 마음으로 부드럽게 하라고 했다.

상하 간에 대화가 안 된다는 것은 단순히 말이 통하지 않는 상태보다도 아랫사람은 자신의 존재를 부정당한 느낌으로 받아들이는 게 더 큰 문제다. 누구라도 무시당하면 분노하기 마련이니까. 요즘 젊은이들은 회사를 보고 입사했다가 상사 때문에 사표를 던진다고 한다. 자신이 중요하다는 느낌을 받지 못하면 아무리 급여가 높고 복지가 좋은 회사라도 미련 없이 떠나버린다. 소통능력이 얼마나 중요한지 새삼스럽게 다가온다.

옛날과는 달리 오늘날에는 대화가 없는 가정이 문제가정이란다. 부부간에 대화가 없으면 부모자식 사이에서도 소통이 어려울 확률이 높다. 문제해결의 선행조건은 대화다. 문제아를 정상으로 돌아오게 하려면 잘못을 나무라기보다는 먼저 아이의 편이 되어주어야 한다. 소통만 되면 문제는 저절로 해결되기 때문이다.

누구에게도 속마음을 털어놓을 수 없어 외로워진 아이들은 나쁜 친구라도 자기를 인정해주기만 하면 그리로 휩쓸리고 만다. 청소년기에는 선악의 분별력이 낮기 때문이다.

이성보다 감성이 더 중요해진 시대, 아이들에게 아빠보다 엄마가 더 가까운 것도 여성의 뛰어난 감성능력 때문이리라. 거개의 가정에서 아빠는 정답을 말하고 엄마는 일단 들어주고 다독여준다.

마쓰시타 전기를 창업한 마쓰시타 고노스케는 경청으로 세계적인 기업가가 되었다. 그는 초등학교만 졸업했기에 아는 것이 모자라 남의 말을 귀담아 들었다고 했다. 그랬더니 많은 것을 배우게 되었고, 상대의 이야기에 공감해가며 경청했더니 사람들이 자기를 좋아하더라고 했다. 소통이 금이었다.

독서천국讀書千國*

“우리 집에는 막내가 고등학교를 졸업한 후에야 TV를 들여놓았어요.”

첫아들을 검사로, 둘째는 대학교수로, 셋째는 판사로 길러낸 어느 가정의 자녀 양육비결이었다. ‘자녀에게 금을 한 광주리 주는 것보다 경서 한 권을 읽히라’는 조상의 가르침에 따라 할머니를 비롯해 온 가족이 책을 읽은 결과라고 했다. 책이 사람을 만든다고 하더니만 역시 울림이 크다.

우리의 생활은 과거보다 훨씬 풍요로워졌지만 왠지 마음은 더 공허하다. 브랜드 옷 입고 좋은 차 타고 큰 집에 산다고 행복한 것이 아니었다. 사람은 더 알고 싶고, 더 향상하려는 욕구 때문에 끊임없이 배우고 익혀야 만족하는 존재가 아닐까?

몰아 몰입의 즐거움, 지식이 쑥쑥 자라는 내적성장의 기쁨, 깨달음의 환희, 충만감으로부터 솟구치는 희열……. 이 모든 것들은 책을 통해서 얻을 수 있는 성취감들로 무엇과도 바꿀 수 없는 값진 것들이다.

우리나라의 교육수준은 최상인데도 가구당 한 달 도서구입비는 1만9천26원으로 OECD회원국 중에서 꼴찌다. 여기에는 신문구독료가 포함되어 있다고 하니 순 도서구입비는 과연 얼마나 될지 궁금하다. 우리는 학교만 졸업하면 거의 책을 읽지 않으면서 매달 의류, 신발 구입비로 16만5천883원, 외식비로는 30만4천799원을 지출했다. 한편 해외여행 다니는데 무려 16조 7천억 원을 썼다. 이는 정부가 발표한 2012년 통계자료다. 책에 대한 공적투자도 미미한 수준이다. 같은 해 일본의 공공도서관 도서구입비는 3,535억 원이나 우리나라는 1/15 수준인 235억 원에 불과했다.

인생의 길은 너무나 다양해서 다 살아볼 방법이 없다. 더욱이 삶의 참 지혜는 아무에게나 잘 가르쳐주지 않는다. 하지만 우리는 책 속에서 현인도, 위인도, 전문가도 만날 수 있다. 시대를 초월하고 국경도 자유롭게 넘나들며 지식을 얻을 수 있는데도 한사코 인생길을 혼자 가려는 독불장군이 많다. 그러면서 살아가기 힘이 든다고 아우성친다.

세계적인 토크 쇼의 여왕, 오프라 윈프리는 사생아로 태어나서 아홉 살 때 성폭행을 당하는 고통을 겪고 방황했었다. 그러나 아버지의 강요로 일주일에 책 한 권은 꼭 읽어야 했고, 그 책들이 자신의 인생을 바꿔주었다고 했다. 지금 그녀는 미국을 바꾸기 위해 '미국이 다시 책을 읽게 만들겠다.' 고 외치고 있다.

스마트폰과 TV는 우리를 산만하게 만들지만 책은 마음껏 상상의 세계로 빠져들게 한다. 창의력이 중요해진 시대엔 책이 답이다. 여유가 생겨서 책을 읽겠다면 평생 독서할 날을 찾지 못하니, 한 페이지를 읽을 틈만 생겨도 책을 펴들라고 독서전문가들은 권한다.

1년 52주. 일주에 한 권씩 10년을 읽으면 500권이 넘고, 20년이면 1,000권을 독파하게 된다. 독서천국讀書千國, 추월불가능의 전문가가 되고 나라를 다스릴 만한 힘도 생긴다는 뜻이란다. 책으로 새벽을 여는 사람들의 모임도 있다.

과거를 묻지 마세요*

십여 년 전의 일이다. 한 젊은이가 미국에서 음악학 박사가 되었다. 당시로서는 특수한 분야의 음악을 전공했기에 쉽게 대학교수가 되리라는 꿈을 안고 귀국했다. 여러 대학에 지원서를 냈지만 족족 낙방이었다. 그가 원했던 자리들은 연고가 있는 사람들이 다 차지하였다고 했다.

돈으로 자리를 살 만한 여유는커녕 가족을 먹여 살려야 했기에 전공과는 무관한 곳에서 임시직으로 일해야 했다. 그렇게 몇 해 동안 암울한 세월을 보내던 중 혹시나 하는 마음으로 미국의 몇몇 대학에 자신의 프로필을 보냈는데 놀랍게도 여러 대학에서 채용하겠다는 연락이 왔단다.

이 땅에서는 철저하게 외면당했던 그가 지금은 세계적인 명문대학에서 신나게 학생들을 가르치고 있다. 그가 부럽기도 하지만 그 나라가 더 부럽다. 우리는 사람을 평가할 때 그 사람이 지닌 능력이나 품성보다 어느 지방 출신이냐, 어느 학교를 나왔느냐는 등의 연고를 더 많이 따진다. 동향 사람이라고 어찌 무조건 믿을 수 있으며, 학교 동문이라고 모두가 탁월한 능력을 가졌겠는가.

하기야 나도 대구에서 대학을 졸업하고 서울에서 직장생활을 시작했지만 창공을 나는 새처럼 훨훨 날 수 있었던 세월은 몇 달에 불과했다. 지방대학 출신이라는 무시와 거센 홀대를 이겨내야 했기 때문이었다.

세상의 변화는 앞으로만 갔지 거꾸로 간 적은 없다. 울산, 거제, 창원, 광양, 여수, 순천, 당진, 평택. 지금은 우리보다 몇 배나 잘사는 도시지만 과거의 기준으로 말하면 그곳은 갯가로, 거칠게 살아가야 하는 사람들이 모인 가난한 동네였다. 그러나 그곳 사람들은 서울 못지않은 신사고에다 국제적으로 통용되는 비즈니스 기준에 따라 일해서 살기 좋은 곳으로 바꿔놓았다.

아마도 우리처럼 연고 때문에 일을 맡기고, 안면 때문에 거절 못 하는 경우는 없었을 것이다. 세상은 무서운 속도로 달리고 있는데 우리는 언제까지 흘러간 옛 노래만 부를 것인가? 2305년에는 이 지구상에서 순종 한국인이 마지막으로 숨을 거두고 2030년이면 대한민국이 사라진다는 미래보고서도 있다. 다민족 국가에다 EU처럼 우리나라와 중국, 일본이 한 블록Block이 될 것이라 했다.

인구가 줄어 도시가 텅 비게 되니 내 집을 갖기 위해 허리띠 졸라맬 필요가 없고 학생들은 굳이 대학을 가지 않아도 된다. 공장 안에는 사람 대신에 로봇이 일하고 면역 항암제의 개발로 암이 없는 세상이 된다. 백 살도 청춘이 되는 미래가 코앞에서 우리를 기다린다.

과거보다도 미래가 더 중요하다. 변화는 어색하고 불편하지만 막상 새롭게 해 보면 의외로 잘된다는 사람들이 많다. 구글, 아마존, 네이버, 카카오, 테슬라, 알리바바 등 요즈음 세계적인 회사들은 기존의 제조기술보다 새로운 비즈니스에서 큰돈을 버는 경우가 더 많다.

작심삼일 교정법*

재일교포 3세의 한 청년은 가난했지만 꿈은 야무졌다.

"이십대에 사업을 일으켜 이름을 떨치고, 삼십대에 천억 엔의 자산가가 되고, 사십대에 대기업가가 되고, 오십대에는 삼십여 나라에 기업을 세워 온 세상을 연결하고, 육십 대엔 후진에게 기업을 물려주겠소. 그리고 우리는 세계적으로 이름난 명승지 곳곳에다 별장을 지어 아름다운 인생을 노래하며 삽시다. 나와 결혼해 주세요."

지금은 일본에서 1등 부자가 된 소프트뱅크 손정의 회장이 이십대 초반, 대학생이었을 때 사랑하는 여학생 앞에서 밝힌 인생 계획이었다. 이런 청혼을 거절할 처녀가 있을까?

청년 손정의의 꿈은 아주 구체적이었다. 하늘의 별을 따겠다는 허황된 것이 아니라 실현 가능한 목표들이었다. 그러면서도 그의 큰 야망과도 연결되어 있었으며 언제 시작해서 언제 끝낼지도 분명했다. 그는 사업을 시작하는 첫 날 사과 박스 위에 올라가 서너 명의 직원들에게 자신의 꿈을 이미 이뤄진 것처럼 생생하게 연설했다고 한다. 지금 그는 삼백 개가 넘는 기업을 거느리고 있으며 일본의 빌 게이츠로 불리고 있다. 꿈을 앞당겨 이룬 것이었다.

바보들은 결심만 한다. 오징어 물맹세란 말이 있다. 오징어가 물을 먹지 않겠다니, 실행력이 떨어지는 사람들의 하나 마나한 맹세를 두고 한 말이다. 많은 사람들이 새해 첫날에는 늘 멋진 꿈을 세우지만 바닷가에 쌓은 모래성이 바닷물에 스러지듯이 꿈은 사흘을 견디지 못하고 무너지고 만다. '우물쭈물하다가 내 이렇게 될 줄 알았지'라는 영국의 극작가 조지 버나드쇼의 묘비명에는 단 한 번만 무릎을 쳐야 했는데 습관처럼 자꾸만 무릎을 치다니, 어이하면 좋을까? 희망사항이 아니라 야무진 꿈이어야 한다.

"발레나 공부는 벼락치기는 안 통한다. 나는 나 자신과 경쟁했고, 나는 매일 조금씩 발전하는 데 재미를 느꼈다. 힘들게 살지 않으면 기쁠 때 얼마나 기쁜지를 모른다. 인생의 내

리막을 만나서는 울면서 다시 시작하기도 했다. 동료들은 나를 기계라 부르지만 쉬는 것은 나중에 무덤에 가서 쉴 수 있잖은가. 나는 조금씩 전진하는 느낌이라 나이 드는 게 좋다. 다시 젊어지고 싶지 않다."

한국이 낳은 세계적인 발레리나 강수진이 청소년들에게 들려준 연설이다. 공연을 위한 그녀의 성장한 모습은 화려의 극치이지만 모진 연습 때문에 으깨진 발은 흉물스럽기 짝이 없다. 집중과 단련의 달인, 강수진은 드디어 국립발레단장이 되었다.

이처럼 반드시 이루고 싶은 일이라면 어찌 사흘 만에 무너질 수 있겠는가. 내가 꿈을 향해 달려가면 꿈도 내게 달려온다고 했다. 목표는 글로 써놓고, 이미 이룬 것처럼 상상하고, 매일 말하고 다니면 반드시 이루어진다. 정히 어렵다면, 사흘마다 목표를 세워보는 건 어떨까?

열정*

영화 '쥬라기 공원'을 제작한 스티븐 스필버그. 그는 고등학교 2학년 때 유니버설 스튜디오에 단체견학을 갔다. 그곳에서 자신의 꿈을 발견한 그는 다음 날부터 아버지의 가방을 들고 그리로 출근했다. 촬영 현장을 두루 다니며 이것저것 물어 배웠다. 그는 빈방을 하나 찾아 일반 직원들처럼 자신의 명패를 만들어 붙이고, 거기서 점심도 먹고 쉬기도 했다. 그는 고등학교를 졸업하기도 전에 아마추어 영화대회에서 최우수상을 받아 이미 감독의 길에 들어섰다. 지금까지 세계 영화사상 최다관객동원 10대 작품 중 4개는 그가 만들었다.

불광불급不狂不及, 미치지 않고서야 이룰 수 없는 기적이었다. 열정이란 어떤 일에 신들린 듯이 몰입한 상태를 말한다. 열정적이 되면 시간 가는 줄을 모르고 지치지도 않는다. 말리면 오히려 더 뜨겁게 불타오르기도 한다. 누군가를 열렬히 사랑해본 사람이라면 열정의 맛이 어떤지를 안다. 시대와 분야를 불문하고 탁월한 성취를 이룬 사람들은 모두가 열정적인 사람들이었다.

앉으나 서나 그 일만 생각하고 밤낮없이 집중하는데 어찌 탁월하지 않겠는가? 열정이 있느냐 없느냐는 성공과 실패를 가름하고 얼마나 뜨거운 열정을 가졌느냐는 얼마나 크게 성공할 것인지를 가늠한다고 했다. 열정은 활발하게 움직이는 몸속에서 생겨 나오고 열정적인 사람은 언제나 일이 즐겁다. 일을 즐기는 사람이 머리 좋은 사람을 앞지르고, 열심히 하는 사람도 이긴다고 했다.

많은 사람들이 돈 돈 돈을 외치며 부자가 되고 싶어 안달해도 돈은 그들을 따라가지 않았다. 부자가 되는 길은 엉뚱한 곳에 있었다. 미국의 브루클린연구소가 이십 년 동안 101명의 백만장자를 대상으로 부자가 된 계기를 조사한 결과, '돈을 많이 버는 일'을 목적으로 삼고 일한 사람들 가운데서는 단 한 명만이 백만장자가 나왔지만 '좋아하는 일'을 목적으로 삼은 집단에선 무려 백 명이 갑부가 되었다. 놀랍게도 돈을 좇은 사람보다 좋아하는 일을 한 사람이 부자가 된 확률이 백 배나 더 높았다. 좋아하는 일을 즐겁게 하는 것이 답이었다.

지금 우리는 단군 이래로 가장 풍요롭게 살고 있다. 압축성장으로 일궈낸 한강의 기적을 세계가 부러워한다. 단언컨대 그 원천은 우리의 열정이었다.

발명왕 에디슨은 상속가능하다면 열정이 최고의 유산이라 했을 만큼 열정은 인생의 핵심자산이다. 경영학의 구루guru들은 21세기를 펀Fun 경영의 시대라며, 일을 놀이처럼 하라고 가르친다. 다행스럽게도 예로부터 우리는 신명이 많은 민족이라 하지 않았는가,

아메리칸 드림American Dream이 있고 코리안 드림Korean Dream도 있지만 차이니스 드림, 재패니스 드림이란 말은 없단다. 중국이 우리보다 크고 일본이 우리보다 잘살지만 기회의 땅은 한국이라는 뜻이 아닐까? 우리의 가슴은 아직도 뜨겁다.

타는 목마름*

김복남이란 소년이 초등학교 5학년이었던 미술 시간에 선생님은 아이들을 운동장으로 데리고 가 그림을 그리게 했다. 모두가 풍경화를 그렸다는데, 그는 추상적인 그림을 그려냈다. 사실, 자신이 보아도 괴상한 그림이었지만 놀랍게도 선생님은 "네 그림은 아주 창의적이구나."라며 칭찬해주셨다고 했다.

그날 이후로 그의 머릿속은 '나는 창의적인 사람이다'라는 생각으로 가득 찼고, 특히 작품을 구상할 때는 선생님의 말씀이 환청처럼 들렸다고 했다. 초등학교 5학년짜리의 추상화는 난삽하기 짝이 없었을 터. 그러나 선생님은 그림 솜

씨가 아니라 그의 창의성을 보았던 것이다. 위대한 패션 디자이너, 앙드레 김이 탄생한 순간이었다.

물을 달라는 자식에게 구정물을 먹일 부모가 있을까만 의외로 자식의 쪽박을 깨버리는 부모가 많다.

인간은 무한한 가능성을 가지고 태어난다는 것이 심리학자와 동기부여가의 공통된 주장이다. 근래 신경과학자들은 뇌가 가진 신비로운 힘을 증명하는가 하면 뇌의 사용설명서까지 내놓고 있다. 진정으로 하고자 한다면 못 이룰 일이 없게 되었으니 누구에게나 훌륭한 인재가 될 수 있는 길이 활짝 열린 셈이다.

하지만 훌륭한 인재는 귀하다. 경제적으로 풍족해도 인간을 모르는 부모 밑에서 자라면 망나니가 되고, 수많은 선생님을 만나 배웠지만 인간적인 스승을 만난 적이 없으면 차가운 지식인에 불과하고, 숱한 상사와 일했지만 인간을 아는 진정한 리더가 아니라면 성능 좋은 기능인은 될지 몰라도 훌륭한 인물이 되기는 어렵다.

자신의 역량을 제대로 알고 쓰는 사람은 인류의 3% 미만이라고 한다. 임자를 만나면 다이아몬드처럼 값나가는 인재가 될 수 있다. 하지만 '사람을 인정해 주지 않는' 모진 사람을 만나면 벼락 맞은 대추나무 꼴이 되고 말 터이니 어떤 사람을 만나느냐가 중요하다.

우리의 몸은 밥을 먹고 성장하듯 능력은 칭찬을 먹고 자란다. 오뉴월 불볕더위 아래서 운동장을 열심히 달리고 나면 물이 간절하듯이 사람들은 자신의 존재와 능력을 인정받기를 갈망한다. 이처럼 타는 목마름에도 다른 사람을 인정하지 않고 '나만 잘난'을 외치며 사는 사람들이 더 많은 세상이다.

"성욕이나 명예욕 같은 욕구는 극복할 수 있었다. 그러나 참으로 극복하기 어려운 욕구는 인정받고 싶은 욕구였다." 법정 스님의 술회다. 고매한 스님도 그러할진대, 범속한 세상에 사는 우리야 오죽하겠는가. 인정받지 못해 미치는 사람도 있다.

내가 아무리 유능해도 쌀 한 톨, 단추 하나 만들 수 없지만 더불어 살면 온갖 것들이 만들어지고 나누면 더 풍요로워진다. 사실 못생긴 사람이 있어 내 미모가 돋보이고, 무식한 사람 때문에 내 유식이 도드라지는 것은 아닐까? 상대를 흔쾌히 인정하고 칭찬해주는 용기 있는 사람이 그립다.

컬러풀 피플Colorful People?*

워낙 말이 없고 무뚝뚝하기로 유명한 경상도 남자들은 집에 들어와 딱 세 마디를 한다고 한다. '아~들은?', '밥도', '자자!'. 워낙 유명한 우스갯소리라 아예 국민 상식이 된 지 오래다.

하지만 곰곰이 생각해보면 이는 경상도 사람들을 향한 심한 모욕이다. 그런데도 부끄러워하기는커녕 방송에 출연해서까지 마치 훌륭한 특성이라도 되는 양 자랑하는 이들도 있다. 이젠 한술 더 떠 아이들마저 '몰라요', '싫어요', '안 해요'라는 세 마디로 대꾸한다. 바로 당신을 닮아 그리 된 지도 모르고 어른들은 답답해서 속이 터진다.

어디 말뿐이겠는가. 서구인들은 한국인의 표정을 마치 화가 난 사람 같고, 경상도 사람들의 표정은 곧 한 방 칠 것처럼 무섭다고 한다. 가끔 지하철을 타게 되면 승객들의 얼굴을 유심히 살펴본다. 지하철의 표정은 그 도시의 얼굴이라 했는데, 대구 사람들의 표정은 서울이나 부산 사람들보다 어둡고 무겁다. 얼마나 간절히 변하고 싶었으면 도시 슬로건을 '컬러풀 대구'로 내걸었을까?

하지만 희망도 있다. 동네 목욕탕에서 만나는 사람들은 시원시원하게 생겼고 표정도 훤하다. 둥그런 욕조에 몸을 담그고 마주 앉은 사람에게 씨~익 웃음을 보내면 재빨리 환한 웃음으로 되돌아온다. 탕 안은 금세 활기가 흘러넘친다. 이참에 도시 표정 평가를 지하철에서 목욕탕으로 바꾸자고 어깃장이라도 놓고 싶다.

그 좋던 사람들이 탈의실로 돌아오면 언제 그랬느냐는 듯 딱딱해진다. 벗고 있으면 멋진 사람들이 옷을 입으면 못난이가 되다니, 참 기묘한 일이다. 우리는 남에게 보이는 것에 너무 신경 쓰고 있는 것인가? 근엄하다 못해 심각하기까지 한 모습이 이제 좀 부드러워졌으면 좋겠다.

컬러풀 피플Colorful People? 거룩한 남자보다는 유머 넘치는 남자가 인기 있고, 새침한 여자보다는 잘 웃는 여자가 환영

받기 마련이다. 비판적인 사람보다는 긍정적인 사람과 있으면 신명이 나고, 사람들은 비극보다는 희극을 더 즐긴다.

한때 초등학교 1학년 바른생활 시험지가 SNS에 떠돌면서 선풍적인 인기를 누렸다. '새로 이사 온 옆집 할머니가 이사 떡을 가지고 오셨다. 이럴 때 어떻게 인사해야 하나?'라는 질문에 대한 아이의 대답이 '뭘 이런 걸 다~'였단다. 아마도 아이의 부모는 경상도 사람이었을 게다. 아이는 어른들의 복사판이라니까.

글로벌 시대를 살아갈 우리들의 자녀를 위해서라도, 이쯤에서 무뚝뚝한 고집을 꺾고 말과 표정을 바꿨으면 좋겠다. 고운 것을 보고 아름답다, 훌륭한 것을 보고 좋다, 잘해주면 고맙다, 고통스러우면 아프다고 말해 보면 어떨까? 언어로 반응하는 것은 인간만의 특성이고, 긍정적으로 반응할 수 있는 것은 현대를 살아가는 중요한 능력이라기에.

걱정은 이제 그만*

쥐는 고양이가 무서웠다. 고양이를 이길 수도, 피할 수도 없는 걱정 때문에 한숨을 내쉬던 쥐는 조물주를 찾아가 고양이가 되게 해 달라고 빌었다. 그렇게 쥐는 고양이가 되었다. 막상 고양이로 살아보니 더 큰 고민이 생겼다. 다시 조물주를 찾아가 이젠 개가 무서워 못 살겠으니 개가 되게 해 달라고 애원했다. 조물주는 소원을 또 들어주었다. 그러나 개가 되니 호랑이가 무서웠고, 호랑이로 변신하니 포수 때문에 못 살겠다고 아우성쳤다. 화가 난 조물주가 "넌 무엇이 되어도 불만이니 다시 쥐가 되어라."고 했다는 인도 우화가 있다.

천석꾼은 천석꾼 걱정 만석꾼은 만석꾼 걱정이라는 옛말대로 애당초 걱정 없는 사람은 없는가 보다. 딸이 여고 3학년이었던 어느 날, 자정이 훨씬 지났는데도 귀가하지 않아 온 가족이 안절부절 못했다. 교통사고가 났는지, 괴한에게 납치되었는지, 혹 가출했는가 하여 걱정이 태산이었다. 온 식구들이 온통 부정적인 생각에 빠져 있는데, 두 시간여 만에 딸은 방실방실 웃으며 들어왔다. 친구들과 함께 노래방에서 스트레스를 풀고 왔단다.

그동안 왜 긍정적인 생각, 유쾌한 상상은 손톱만큼도 못했을까? 걱정이란 행동하지 않은 사람의 전유물로, 아직 일어나지도 않은 일에 대해 부정적으로 예측하고 단정하는 것이라 했다. 심리학자들은 걱정은 무의식에서 생겨 나온다고 주장한다. 살아오면서 실패하고 욕먹고 저주받은 경험들이 쌓여 있는 시궁창 같은 곳이 무의식의 세계다. 어둡고 습하며 더러운 곳에서는 고약한 냄새가 나듯 부정적인 생각이 생겨나기 마련이다.

'카네기행복론'에서는 병을 만드는 원인의 70%가 고민 걱정이었으며 환자의 절반 이상이 수치심, 무력감, 공포, 절망, 원망에 빠진 신경성 환자라고 했다. 또한 걱정을 다룰 줄 모르는 사업가는 단명한다고도 했다. 어찌 사업가만 단명할까, 주위에서 암 걸린 사람들은 유난히 걱정이 많은 사람들이었다. 여태 등산을 다녔어도 산에 걸려 넘어진 사람은 보지 못했다. 작은 돌에 걸려 넘어질 뿐, 걱정은 이처럼 사소한 것을 내가 태산처럼 키운 것들이다. 이리 요상한 걱정은 혼자 있으면 커지고 밤이 되면 무섭게 번지기도 한다.

다행스럽게도 우리의 마음속에는 맑고 밝은 의식의 세계도 있다. 지난 일요일은 온 국민이 기뻐한 날이었다. 김연아가 피겨의 여왕으로 돌아왔고 리디아 고라는 열여섯 살 교포소녀가 골프로 세계를 제패했기 때문이었다. 초롱초롱한 눈빛, 당당한 동작, 자신감 넘치는 경기 운용. 그들은 열정의 화신이었다. 그 어린 요정들에게는 걱정이 없었을까? 그들은 절대 긍정으로 걱정과 두려움을 몰아낸 멋진 승리자였다.

누구에게나 생각의 의자는 하나, 무엇을 앉힐지는 자신의 선택에 달렸다. 부정을 앉히면 긍정은 자리를 잃고 긍정을 앉히면 부정은 떠나야 한다.

백해무익한 걱정은 이제 그만.

신공항은 우리의 밥통이다*

세계 10대 경제대국을 꿈꾸는 나라에서 언제까지 인천국제공항 하나로 가능할 것인가?

신공항은 지금 건설을 시작해도 늦다. 영남권 신공항의 건설은 빈사상태에 빠진 지방기업과 1,320만 명의 생존권이 달린 문제였기에 우리는 정부가 정치적이 아닌 경제적으로, 현재가 아닌 미래를 기준으로 판단해 주기를 간절히 바랐지만 수포가 되고 말았다. 민심은 아랑곳 않고 손바닥으로 하늘을 가리려는 정부에 대한 배신감은 크고 깊다. 정보가 흘러넘치는 시대의 국민은 과거처럼 우매하지 않으며 정권에 휘둘리는 무지렁이는 더더욱 아니다.

대한민국은 서울공화국이 아니요 수도권에만 국민들이 살고 있는 것도 아니다. 자본주의 사회에서 기업이 없는 곳은 경제가 없다. 지금, 지방의 경제는 마치 바람 빠진 풍선 꼴이다. 기업은 열악하고 일할 사람도 없기 때문이다. KTX의 개통은 우리들에게 이동의 편리성은 주었지만 빼앗긴 실익은 그에 몇 배가 된다. 날이 갈수록 지방의 제조업은 물론 유통, 건설, 교육, 의료, 문화 등 모든 경제요소들을 서울, 수도권이 빨대로 빨 듯 흡인해 가고 있다.

정부는 지방경제를 위해 특단의 회생책을 펴야 할 때에 우리들의 쪽박마저 깨버리고 말았다. 희망이 없는 사람은 참담해지고 차별받게 되면 분노할 수밖에 없다. 지방도 동등한 대우를 받아야 하고 정당한 조건 속에서 경쟁하고 싶다. 지방이 더 이상 소비도시가 아닌 활력 넘치는 생산기지가 되기를 우리는 간절히 원한다.

이젠 내륙에도 공항이 있어야 살 수 있다.

인천은 항구도 있고 허브공항도 있으니 천혜의 도시가 되었다. 농경사회에서는 강이 있는 곳에 도시가 발달하였고 산업사회에서는 항만을 낀 도시들이 융성하였다. 현대 정보사회에서는 공항이 있어야 도시가 발전할 수 있다. 기업에게 물류는 혈관처럼 중요하다. 어떤 외국 투자자가 교통이 불편한 오지에 투자하겠는가? 허브 공항은 물류의 관문으로서 기업의 활동을 원활하게 만들고 외국의 자본을 끌어들이는 창구역할을 한다. 대한민국이 수출로 살아가야 할 숙명이라면 대구, 경북, 경남 등 내륙에 있는 기업들에게도 가까이 허브 공항이 있어야 한다.

열악한 지방기업이 물류에 더 많은 시간과 고비용을 지불하면서까지 경쟁에서 이길 수는 없다. 신공항 건설 요구는 지방민들이 해외여행이나 편하게 다니자고 요구하는 배부른 투정이 아니라 살아남기 위한 최소한의 필요조건이다.

과연 신공항이 10년 후에도 경제성이 없을까? 중국은 그들의 동부 해안을 중심으로 경제를 부흥시켰고 지금은 내륙지역에 수십 개의 국제공항을 계획하거나 건설 중에 있다. 우리는 그들과 교류하거나 경쟁하기 위해서라도 허브 공항이 절대적으로 필요하다.

우리의 요구는 지역이기주의가 아니다.

언제 대구, 경북, 울산지역 주민들이 자신들의 지역에 공항을 만들어 달라고 아우성쳤는가? 우리는 신공항의 입지를 '경남 밀양'으로 원만히 합의하였으며 접근성이나 경제성이 탁월하다는 대의 때문에 흔쾌히 양보했다. 무안국제공항이나 양양국제공항 등 과거 지방공항 건설의 실패는 지역

이기주의에 사로잡힌 국회의원들과 이를 극복하지 못한 정부의 실책이었다. 이제 와서 왜 엉뚱한 지역의 국민들이 불이익을 당해야 하는지 황당할 따름이다. 그들에게 낭비한 국고를 변상하라고 요구하고 싶지만 백번 양보해서 국토균형개발의 기본적인 조건이나마 갖추어 주기를 바란다.

지금 우리는 변심한 애인의 불 꺼진 창 앞에서 부르는 감상적 노래가 아니라 살고 싶은 절규다. 우리에게는 1,320만 명이 먹고 살 큰 밥통이 필요할 뿐이다.

| 발문 |

독자 서비스에 충실한 작품세계

— 이규석 에세이집 『신명난 탈출』에 부쳐

장 호 병

| 한국수필가협회 이사장 |

먼저 이규석 사백의 수필집 『신명난 탈출』의 상재를 마음 모아 축하드린다.

이 사백은 금융기관에서 젊은 시절을 보냈고, 이후 대구카네기 연구소를 창립하여 오랫동안 리더십 계발과 인간관계 개선을 위한 프로그램을 진행하여 왔다. 바꾸어 말하면 그는 커뮤니케이션 전문가이다. 커뮤니케이션의 라틴어 어원 communicare에는 '진보를 위한 나눔과 일치communio et progressio'란 뜻이 내포되어 있다. 쌍방향 소통interactive communication, 즉 공감대 형성이 뒤따라야 한다는 말이다.

스포츠나 예술 세계를 지탱하는 힘은 소비자인 팬으로부터 나온다고 해도 과언이 아니다. 따라서 팬 서비스에 기울이는 노력을 간과할 수 없다. 그런데 문학마당에서는 의미 생산자인 작가와 소비자인 독자가 같은 시간, 같은 공간에 자리하지 않는 경우가 많다. 하여 상호소통을 위한 노력이 여느 장르보다는 부족한 편이다.

수필집 『신명난 탈출』에서 이 사백이 시도하는 문학커뮤니케이션의 한 방법, 독자 서비스를 어떻게 펼치고 있는지 살펴보는 것이 유의미하리라 여겨진다.

□ 길 잃은 자만이 길을 낸다

문학이라는 커뮤니케이션 채널의 형식은 작가의 은밀한 일방향 작업이지만 그 기능은 감동을 생산하고 전달해야 하는 단발성 양방향 산물이어야 한다.

문학 입문기에 저자는 사회과학의 영역을 포함한 인문학적 테두리 안에서 강좌와 글쓰기를 병행하고 있었다. 시쳇말로 '붓 가는 대로'라는 조금은 안일한 상태에서 수필을 택했을지도 모른다. 예술작품의 경지에 이르는 일필휘지에는 기량과 작가의 혼이 불어넣어져야 하듯, '붓 가는 대로'가 문학의 경지에 이르기까지는 부단한 내공이 요구된다. 길을 잃는 것은 당연하다.

> 경험한 사실을 소재로 삼아야 하는 수필의 태생적 한계. 이를 뛰어넘지 못한 내 글은 넋두리가 되었고 툭하면 신변잡기로 추락하고 있었다. 한낱 무지렁이로 살아온 내 인생에서 감동적인 경험이 과연 몇 번이나 있었을까? 그나마 그 경험을 문학적으로 승화시켜나갈 길은 더욱 막막했다. 명문장名文章이 수필이었던 시대는 옛날이었다고 하고, 미문美文만으로는 좋은 수필이 되기 어렵다 하니 길은 첩첩산중으로 접어들었다.

<……> 달을 업다니, 얼마나 감동적인가? 평론가는 이 작품을 '시적 발상의 산문적 형상화'가 잘 이루어진 수필로 평했다. <산문시散文詩>가 아니라 <산문의 시詩>라 했으며, 형식은 산문이지만 시심詩心을 바탕으로 한 산문작품이라는 뜻이었으리라. 서정문학의 창조적 정서를 서사구성법으로 엮으면 훌륭한 문학작품, 창작문예수필이 될 수 있다고도 했다.

언뜻 희망의 길을 보았다. 어두움이 짙을수록 새벽이 가까이 온다더니만 어쩌면 내게도 희망의 길이 열리고 있는지도 모른다.

길은 땅 위에만 있는 것이 아니었다.

—「길을 묻다」 중에서

누군가 내어 놓은 길을 따라간다면 그것이 어찌 예술행위이겠는가. 길은 '땅 위에만 있는' 것이 아니라 작가가 만들어내야 하는 작가로서의 모든 역량 모으는 데 있는 것이다. 일련의 그룹들과 반反 '붓 가는 대로'의 기치를 내걸고 노력한 보람이 작품 곳곳에서 역력하다. 이 사백이 아니면 누구도 낼 수 없는 길, 창의성이 넘쳐나는 '붓 가는 데로'를 따라가 보자.

□ 관점, 그리고 주관의 객관화

많은 사람들이 "왜" 앞에서 정답을 찾기 위해 서성인다. 그러나 의외로 살아가면서 찾게 되는 것은 단 하나뿐인 정답이 아니라 해법인 경우가 많다. 때로는 그 해법이 명답이 되기도 한다.

삶과 체험을 바탕으로 하는 수필은 불가분의 관계에 놓여있다. 많은 사람들이 '수필, 어떻게 잘 써 볼 것인가.' 고민에 고민을 거듭하고 있다. 그러나 좋은 수필이 좋은 삶에서 나온다는 사실은 간과하고 있다.

> 늦유월 고향집에는 백일홍이 흐드러지게 피고 있었다. 아내는 우물가에 붉게 핀 백일홍을 바라보며 한탄을 쏟아냈다.
> "저 꽃이 지면 가을인데……"
> "이제 여름의 시작인데 웬 가을 타령이야?"
> "저 꽃은 백날을 피어 있잖아. 꽃이 지고 나면 가을이 오지요."
> — 「백일홍」 서두

생의 조락 앞에 선 아내가 인생무상을 입 밖으로 꺼내려 한다. "이삿날에도 회사 일에 파묻혀 이사했다는 사실을 까맣게 잊은 채 옛집으로 퇴근한 적이 있"는, "민망해 할 줄 모르는 내게 아내는 일과 결혼하지 왜 자기와 결혼했느냐고 앙칼진 원망을 쏟아부었"던(「신명난 탈출」에서) 아내에게 무슨 말을 한들 위로가 되랴.

> 솔직히 난 자네가 윗대 종부들과는 달리 곱게 살기를 바랐는데, 그리 성치 못한 몸으로 얼마나 힘이 들었는가. 그런 고통에도 우리는 식구들에게 희망이 필요할 때마다 부지런히 꽃을 피웠고, 시련에 맞서 가족들의 생명을 지켜야 했을 때는 꽃잎을 지웠지. 뜻 없이 피고 진 것이 아니라 대를 잇기 위한 몸부림이었음을 뉘 알아주려나? — 「백일홍」 부분

어제와 오늘의 삶, 또는 너와 나의 삶이 크게 차이가 나지는 않는 한 글쓰기에서 삶은 거의 상수에 가깝다.

글쓰기 방정식에서 완성도를 좌우하는 변수는 무엇일까? 새로운 관점으로 삶의 이치를 궁구하는 작가의 주관일 것이다. 그 주관이 달리는 방향성의 크기에 비례하여 설득당하지 않으려는 반작용이 일어날 수도 있다. 그래서 작가는 장독간 옆 우물가 백일홍을 화자로 하여 아내가 이 집에 첫발을 들여놓았을 때부터 지금까지의 파란만장을 들려주는 한 편의 모노드라마 형식을 취하여 주관을 객관화하는 데 성공하였다. 공유될 수 있는 의미를 이끌어냄으로써 작가와 독자, 등장인물들 간의 상호작용을 통하여 작품의 완성도를 높혔다. 짧으면서도 지극히 평범하지만 서두와 결미 또한 여기에 일조하였다.

> 나는 붉게 핀 백일홍 나무 아래 헛땀을 흘리고 선 아내를 감싸 안으며 위로를 건넸다.
>
> "저 백일홍은 내년에도 곱게 꽃을 피울 거야."
>
> —「백일홍」 결미

□ **一事一畵**일사일화

언어의 연금술사를 자처하는 작가들이지만 대상을 나타내기에 가장 적확한 말, 일사일언의 광맥은 쉽게 발견되지 않는다. 문학작품에서의 일사일언에는 기의에 적확하게 일치하는 기표만을 의미

하는 것이 아닌, 함의가 복잡하다. 백문이불여일견이란 말이 있다. 보여주는 것만큼 확실한 커뮤니케이션은 없다. 작가가 말하려는 추상적 주제를 들려주는 게 아니라 보여주려는 형상화 노력 또한 독자 서비스에서 중요한 몫을 차지한다.

> 명태는 이름이 많아도 쓰임새마다 사람들의 입맛을 당기니 이름값을 다 하는 셈이다. 가까운 바다에서 갓 잡아 올린 생태는 탕으로서 으뜸이요, 먼 바다에서 잡아 얼린 동태는 서민들의 속 풀이용 탕이 되거나 명절에는 담백한 전이 된다. 말라서 수분이 빠진 북어는 술꾼들에게 최고의 해장국이 되고 방망이에 두들겨 맞아도 솜털 같은 보푸라기로 변해 무침이 된다. 반쯤 말린 코다리는 매콤한 찜으로, 추운 들판에서 얼고 녹기를 반복한 황태는 제사상마다 귀히 오른다. 명태의 창자는 소금에 절여져 창난젓이 되고 알은 곰삭아서 명란젓이 되니 명태는 어느 것 하나 버릴 것이 없다. 이뿐이랴, 새끼인 노가리는 술안주로 제격이다. 명태의 화려한 변신이 부러울 따름이다.
>
> —「명태」 중에서

자식 도리에, 아비 구실에, 탁월한 상사 노릇까지 남자의 짐은 너무나 버겁다. 어느 하나만 뒤져도 무능한 남자로 비난의 화살을 받아야 한다. 어느 경우에도 쓰임새 있는 명태의 이름값에 주목하지 않을 수 없다.

'바람 없이도 펄럭이던 깃발'로 압축 성장 시대를 살아온 가장들, 그들은 일중독자가 되었지만 가족조차도 면죄부를 주지는 않는 세상이 되었다. 마냥 변신의 귀재 명태가 부러울 뿐이다.

허수아비는 농경시대를 살아온 사람들에게 목가적 정취의 상징이다. 하지만 일거수일투족을 지켜보면서도 비밀은 철저히 지키는 허수아비. 작가는 그 눈빛을 의식하여 늘 마음 졸였던 사실을 기억해낸다. 요즘엔 도시에까지 내려온 허수아비. 사계절 내내 '현대인들의 무디어진 양심을 지키는' CCTV를 설명하는 것이 아니라 허수아비로 형상화한 점도 돋보인다.

> 내 비밀을 죄다 알고 있는 허수아비. 그 시절, 내 안의 모든 반란을 눈치 챈 그였지만 소문은 만들지 않아 얼마나 다행이었는지 모른다. 아마도 허수아비는 제 양심을 내 가슴에 심었나 보다.
>
> 그 옛날 들판에 살던 허수아비가 요즈음엔 도시까지 내려와 산다. 여전히 까칠하게. 그는 일터에서 농땡이 부리는 녀석이 없나 살피고, 남의 것을 슬쩍 챙기려는 도둑을 잡으려고 두 눈 부릅뜨고선 버스나 지하철도 타고 다닌다. 밤늦게 동동걸음으로 귀가하는 동네 처녀들 지키려 골목길도 살핀다.
>
> —「도시의 허수아비」 중에서

□ 주제를 향하여

등산길 심심할까 봐 돌로 열어둔 큰 귀

여
편네들
옷 자랑이야
기본. 서방 두고
화냥질한 걸 자랑질
하다니, 왜 여기 와서
부부싸움이야. 남정네,
가짜 로렉스 차고 와 진짜라고
우기질 않나, 사내답지 못하게
친구 험담하는 꼴이란. 가끔씩 젊은
연놈들 시시덕거릴 땐 나도 흔들려.
집 나갔던 가시내 데려와 어르고 달래는
건 비밀이니까 봐줄게. 성난 기러기 아빠
멧돼지처럼 포효하는데, 멀리서 들려오는 앙칼진
여자 목소리 "야~이 ×할 놈아" 기어이 가정 하나
또 무너지겠네. 세상에 어디 꼴불견만 있겠나, 가뭄 극복에
동참한다며 훌러덩 바지 내리고 함께 오줌 누는 아지매들 궁둥이는 예뻤어.

너희 넋두리 들어주다 이젠 먹먹해진 귀.

—「돌탑」 전문

문장의 시각화 또한 눈여겨 볼 만하다. 「돌탑」에서는 텍스트 자체를 이미지화함으로써, 이렇게도 수필을 쓸 수 있구나, 하는 시도

또한 독자를 작품 속으로 끌어들이는 친절이라 할 수 있다.

「아버지를 찾습니다」에서는 치매기 백발노인의 반복된 물음에 대한 대답을 볼드체로 나타내어 짜증의 강도를 선명하게 보여주는 점이나, 「오로라」에서 '**그들은 통일을 열 번 시키고도 남을 힘을 가지고 있었다.**'를 볼드체로 반복함으로써 독자의 시선이 빗나가지 않게 노력하고 있다.

> 점심시간의 냉면집은 손님으로 넘쳐난다. 제비 새끼들이 어미에게서 먹이를 받아먹듯, 사람들은 입을 짝짝 벌려 냉면을 빨아들인다. 먹고 나면 후회 많은 음식이라는데도 내 입안에서는 자꾸만 침이 고인다. ―「냉면」 서두
>
> **냉면.** 정작 받아놓고 보니 소문대로 양이 적다. ……
>
> **양이 적은 냉면.** 그런데도 가격은 옹차게 비싸다. ……
>
> **양이 적고, 값이 비싼 냉면.** 먹고 나서 두어 시간도 지나지 않았는데 배가 출출해진다. ……
>
> **양이 적고, 값이 비싸며, 배가 빨리 꺼지는 냉면.** 허세 부리는 사람이 좋아하기 딱 맞을 허풍 많은 음식이다. ……
>
> "이 가똑똑아, 먹으면 돌아서서 후회할 냉면을 왜 또 먹으러 왔느냐?"

할머니의 나무람이 귓전을 때려도 난 여전히 냉면을 기다리고 앉았다. —「냉면」 결미

작가는, 간략하고도 명징한 서두와 결미 사이에 커다란 액자를 배치하여 기승전결의 시도를 볼드체로 보여주고 있다.

이규석 표 수필의 미덕은 진실한 내용을 솔직하게 표현하였을 뿐만 아니라 창의적 구성으로 독자들에게 다가가는 노력이 돋보인다는 점이다.

현업에서의 삶과 앎, 문학에의 열정과 노력으로 이규석 표 창작수필의 기틀이 마련되었다면 여기에 안주하지 말고 끊임없이 새로운 길을 내기 바란다.

모성에 대한 갈증과 '바람 없이도 펄럭이는 깃발'로 살아온 삶이 앞으로 그의 창작에 큰 에너지를 가져다 줄 것이다. 제2의 수필집에 기대를 걸면서 어쭙잖은 필을 거둔다.

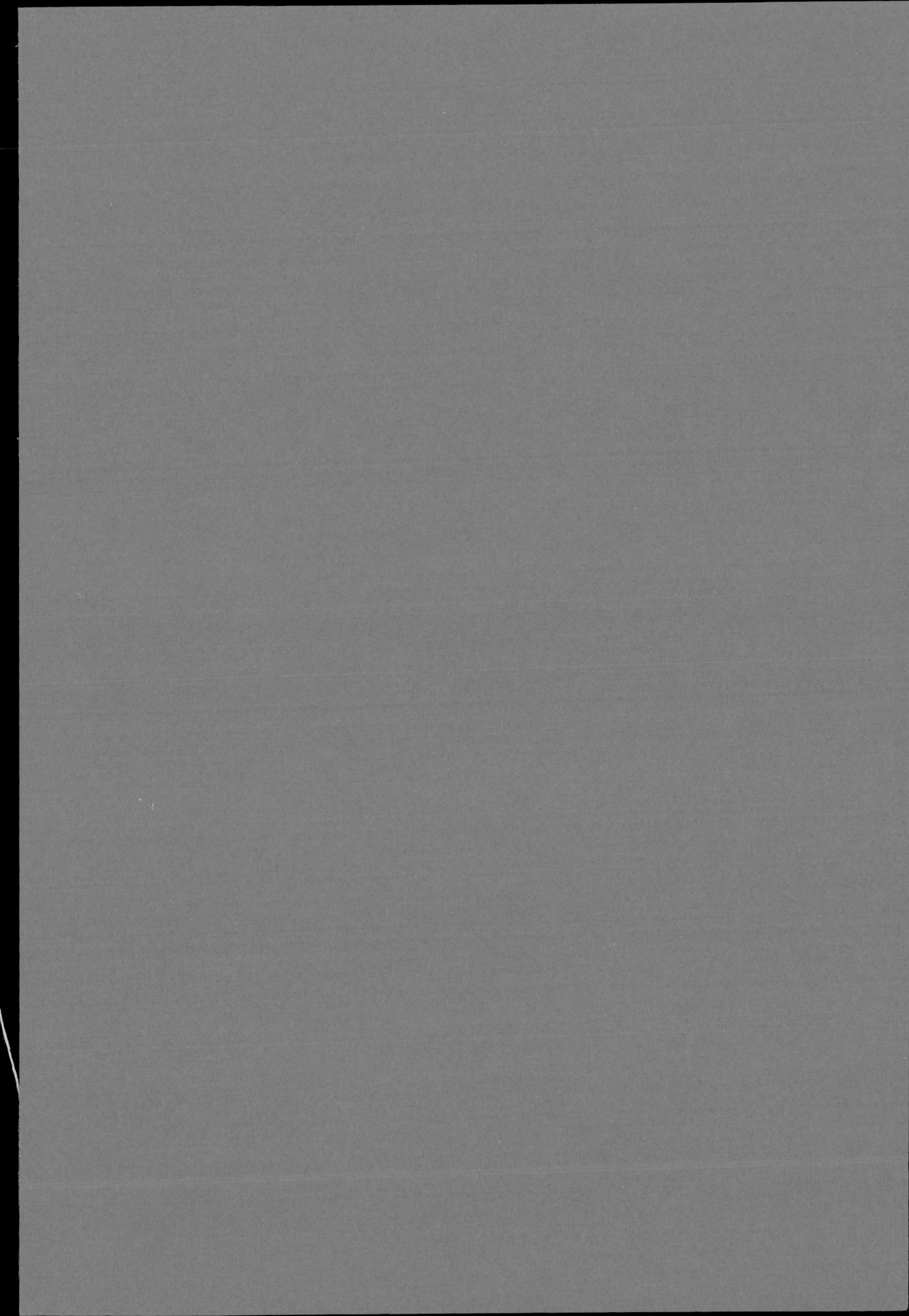